大きな嘘の木の下で

僕が
OWNDAYSを
経営しながら
考えていた10のウソ。

田中修治
OWNDAYS株式会社 代表取締役社長

NEWS PICKS × GENTOSHA 幻冬舎
NEWSPICKS BOOK

大きな嘘の木の下で

僕がＯＷＮＤＡＹＳを経営しながら考えていた10のウソ。

はじめに

僕は決してエリートではない。大学も出ていない。というか、中学2年生くらいを境に、真面目に学校に行って勉強をした記憶すらもほとんどない。

若い頃は、強い男に憧れてボクシングをかじり、うまくいかないと今度はモテたい一心でバンド活動に明け暮れる、そんなどこにでもいる普通の男の子だった。

20歳の誕生日を迎えた頃「お金持ちになればモテるだろう」というありきたりの考えから、なんとなくお金になりそうなことに片っ端から首を突っ込み、潰れた喫茶店を友人のお父さんから無料で貸してもらい、思い付きと勢いだけでマンガ喫茶を始めた。

素人のラッキーパンチとは恐ろしいもので、マンガ喫茶は予想以上に大当たり。調子に乗った僕は、レジから鷲摑《わしづか》みにした売上金を握りしめ、夜の街を毎晩、闊歩《かっぽ》した。まるでこの世の全てが自分の手の中に収まったような感覚だった。

しかし「驕《おご》る平家は久しからず」なんていう言葉すら知らなかった僕に訪れた我が世の春は、そういつまでも続かない。

すぐにマンガ喫茶は競合店に囲まれて青息吐息。その後は居酒屋を始めて少し息を吹き返したけれど、携帯電話の販売店で２億円を超える借金を背負ってあっけなく全てを失った。

その後、パソコンと友人３人を引き連れてデザイン会社に鞍替え。流行りのＩＴ社長を名乗り、ＷＥＢ制作会社をやって糊口《ここう》を凌《しの》ぎ、夜はポスティング代行業に引越しの手伝い。そんな感じの塩っ辛い20代だった。


転機が訪れたのは29歳の蒸し暑い夏の夜。


負債を14億円も抱え毎月２０００万円もの赤字を垂れ流していた瀕死の状態のメガネチェーン店「ＯＷＮＤＡＹＳ（オンデーズ）」を買収したのだ。

買収したといっても、買収金額は実質０円。「みんなが匙《さじ》を投げた多額の借金を人身《ひとみ》御供《ごくう》の如く個人で背負うことで社長の座に収まった」、そう表現した方が正しいかもしれない。

そこからはジェットコースター以上に激しい毎日だった。社長に就任してわずか3ヶ月目には数千万円単位で資金繰りが行き詰まり、銀行からは「死刑宣告」を突き付けられた。何度も倒産の危機が訪れ、何度も心が折れかけた。

いろいろな人に馬鹿にされ、罵られ、反対や批判もされ、裏切られた。でもそれ以上に沢山の人に助けられ、共に戦ってくれるかけがえのない仲間たちにも出会い、無謀な挑戦を続けた結果、今ではどうにかＯＷＮＤＡＹＳも世間様に顔向けのできる普通の会社になることができた。その顚末《てんまつ》は前著『破天荒フェニックス』に物語として書いたので、興味のある方は、是非そちらをお読み頂ければと思う。

本書では前著『破天荒フェニックス』では書かなかった、僕が20年間のアップダウンを通じて得た考え方や、今までＯＷＮＤＡＹＳの社員たちに伝えてきたメッセージなんかを纏《まと》めている。

「会社経営」なんて言うとなんだか偉そうに聞こえてしまうけれど、実際に経営の現場ではドラマのように毎日いろいろなことが起こる。千本ノックのように訪れる修羅場を前に、体中を擦《す》り傷だらけにしながら、僕なりに人生における小さなヒントを拾い集めながら、なんとか首の皮一枚で乗り越えてきた。
　最初に断っておくけれど、そのヒントがあなたの役に立つかどうかは、僕にはわからない。本書は、成功者が人生の勲章の一つとして書き上げた、所謂《いわゆる》成功ノウハウ的な本ではないので、そのへんを期待して本書をご購入頂いた方はそっと本を閉じて、慈悲深く本棚の肥やしにでもして頂ければと思う。

　そもそもこんな本を書いてみたけれど、別に世の中の全ての人に、自分の想いとか経験を理解してほしいとは思ってもいないし、誰かの人生を変えられるなんて大それたことも思っていない。あなたが、あなたの人生をどう生きるかなんていうのは、所詮あなたの努力次第。僕の知ったこっちゃない。
　でも、自分と自分の周りの人たちが少しでも豊かになれば良いと心から思っているし、今までの人生で丁寧に拾い集めてきた自分なりのヒントが、少しでも誰かの役に立つのであればすごく嬉しい。

　人類史上、テクノロジーが類を見ないスピードで進化している今の時代。僕らが過去に教わってきた常識や考え方は、至るところで不具合を起こしている。今まで闇雲に正しいと信じていた沢山の当たり前が、まるでメッキが剥《は》がれ落ちるようにボロボロと崩れ落ち始めているのは紛れもない事実だ。

少なくとも僕には、公共の電波を使って流される芸能人の不倫やら不祥事やらのニュースが大事なことだとは思えないし、本当に大事なことは雑音に紛れてどんどん見えにくくなっているような気がする。

テレビや週刊誌がプロパガンダだとは言わないけれど、溢れ出る大量の情報のほとんどはガラクタで、鵜呑みにしてしまうとすごく危険だ。だから誰しもが自分にとっての真実を用心深く見つける必要がある。

幸せ、お金、仕事、成功、人生、経営。それから男女、家族、政治、教育のウソにも触れている。本書に書いた僕の考え方に、抵抗や違和感を覚えるかもしれないけれど、むしろそれくらいでちょうど良い。それで一向に構わない。ただ、いつ誰が決めたのかわからない常識という名の暗黙のルールを疑うことから、見つけられる真実というのもまた、確かに存在すると思う。

この本が「あなたにとっての真実」を見つける旅に出かけるキッカケになってくれたとしたら、それだけでも僕がこの本を書いたことに意味があったと思うし、僕もまた、僕にとっての次なる真実を見つける旅に出かけるキッカケを摑めるような気がしている。
さあそれでは、一緒に世の中に隠されている真実を見つける旅に出かけるとしよう。

2020年3月

田中修治

目◎次

CHAPTER 4 成功論のウソ 122

CHAPTER 1

幸福論のウソ

幸せ。
誰しもが欲しいと願ってやまない、人生の宝物。
でも果たして本当にそうなのだろうか？
みんな幸せを意識するがあまり、息苦しくなってやしないか？
果たして本当の幸せとはなんだろうか？
まずは今まで自分が聞かされてきた「幸せ」という言葉を
疑ってみるのはどうだろう？
僕は「幸せ」という言葉をほとんど口にしない。
だって、僕にとって「幸せ」という言葉は、意識すればするほど
迷宮にはまり込んでしまう不幸の呪文のようにしか聞こえないから。

「幸せ」という名の不幸の呪文

人はよく「幸せ」という言葉を使う。もう常に何かあるたびに「幸せ、幸せ」とみんなが口を揃《そろ》えて言う。

でも、僕は「幸せ」という言葉は使わない。なぜなら「幸せ」という言葉を使うと、なんだかかえって不幸が増えていくような気がするからだ。そう。僕に言わせれば「幸せ」という言葉は、まるで「不幸の呪文」なのだ。

たとえば結婚式。新郎は「僕は○○さんを幸せにします」と宣言し、新婦の友人は「○○ちゃんを幸せにしてあげて下さい」と新郎に期待をよせる。新婦は「お父さんとお母さんの子どもで幸せでした」と感謝の気持ちを述べる。最初から最後まで「幸せ」という言葉のオンパレードだ。

でも、ちょっと冷静に考えてみてほしい。「幸せと感じるかどうか？」は結局、その相手の感じ方次第ではないのか？　こちらが「幸せにしたい」と思って、どれだけ頑張ってみたとしても、その行為によって実際に相手が幸せを感じられるかどうかは、受け手の気分次第じゃないのか？　幸せな結婚式に水を差すようで悪いが、僕がそんな、「幸せ」という言葉に違和感を覚え、ひねくれた考え方をするようになったキッカケについて最初にお話ししたい。

僕は今まで人の何百倍も努力をして、お金を人一倍稼ぎ、奥さんや子どもたちに、平均的な家庭よりもいい暮らしをプレゼントしてきた。

僕は、経済的な心配が何一つなければ、家族はみんな幸せに暮らせるだろうと、ずっと信じていた。

だってそうじゃないか。世の中では毎日のように貧困が問題になっている。テレビをつければ消費税が２％上がったと、みんな不満を叫んでいる。みんなお金を気にしながら暮らしている。買いたいものを自由に買えない不幸をいつだって嘆いているじゃないか。

だったらお金の心配をしないで、欲しいものがなんでも自由に手に入る生活の方が幸せに決まっているじゃないか！　僕はそう信じて、ずっと努力をしてきた。

でも、いざその生活を手に入れてみたところ、奥さんも子どもも、あまり幸せそうにしてくれてはいなかった。家族は僕が仕事、仕事でほとんど家に帰らず、広い家でポツンと待っている時間がとても寂しくて全然幸せじゃなかったのだ。

息子が小学校に上がったばかりの頃のこと。ある日、彼がボソッと言った言葉が僕の目を覚ましてくれた。

「ゲームやオモチャを沢山買ってくれるのは嬉しいけど、運動会や習い事の発表会に自分だけお父さんが見に来てくれないのが一番寂しい。それならゲームなんていらないし広い家もいらないから運動会に来てほしい。友達のお父さんのようにキャンプに連れて行ってほしい」と、彼はとても悲しそうな顔をしてそう呟いた。

それこそ、僕は家族を「幸せにしよう」として頑張り続けてきた。経済的に不自由な暮らしをさせないことが、最も大事な家族の「幸せ」だろうと信じてきた。

でも、その気持ちも受け取った側からすれば「おまえの幸せの基準を押し付けるな」ということだったのだ。広い家になんて住まなくて良いし、高級なレストランの食事よりも、家族が毎日揃って、お母さんの作った料理を、笑いながらみんなでつつける時間こそ、僕の家族が一番欲しかったものだったのだ。

これは会社の経営でも同じだった。みんなでひたすらに働いて、会社を大きくし、ライバル企業を打ち負かし、給料を増やしてあげることが、社員みんなの幸せに繋《つな》がるとずっと思ってきた。それが社員たちにとって一番大事な幸せな会社の在り方だと。

でもそうではなかった。仕事をしていく上で何を「幸せ」と感じるかは１００人いれば１００通りの形があるのだ。それだけじゃない。何によって幸せを感じることができるかは、その人の人生の時期、成長のステージによっても、常にコロコロと変化するものだったのだ。

たとえば、子どもがまだ小さければ、目先のお金が多少増えることよりも、決まった時間に家に帰れて、子どもと過ごす時間をしっかりと取れる方が幸せな人もいる。でもその人だって、子どもが大きくなり進学して学費が沢山かかるようになれば、もっと収入を増やす必要が出てくる。そうなってくると「休日なんていらないし、残業だってバンバンするから、子どもの為にもっと稼がせてくれ！」と思うかもしれない。

若いエンジニアの中には給料よりも新しい知識を沢山学んで、スキルをもっと身につけたいと思っている人もいる。デザイナーなら表現の幅を広げ、感性を伸ばせる体験が欲しい人もいる。ただやみくもに働いて、お金だけを増やせばみんなが幸せになれるわけじゃない。そんな簡単なことに気づかないなんて、僕はなんて馬鹿だったんだ！

そもそも「幸せ」という言葉は「状態」を表すものではなく、瞬間、瞬間に感じる「感情」を表すものなのだ。

「○○さんを幸せにしたい」というのは、そもそも日本語の使い方が間違っている。24時間、３６５日、幸せがずっと続くような状態なんて、それこそいけないクスリでもやってトランス状態にでもなっていないと保てやしない。だってそうだろう。「おいしいご飯を食べた。おいしい。幸せ……」。この幸せという感情は、その前に「お腹が減った」という苦痛がないと感じることはできない。空腹は最高のスパイスだ。反対に、お腹がいっぱいで、もう何にも入らないという時なら、三つ星シェフの最高の料理だって食べたいとすら思わない。

砂漠で遭難して死にかけた人がいるとする。その後、九死に一生を得て助けられた時に飲んだ１杯の水は、世界中のどんな有名シェフが作る料理よりもおいしく、幸せを感じられることだろう。「死にかけた」という不幸のあとでは、コップ１杯の水を飲めただけで何ものにも代えがたい「幸せ」を感じることができるのだ。

さらに、幸せというのは「相対的」なものでより感じやすくなるという、厄介な側面を持つ。これこそが、僕が「幸せは不幸の呪文だ」と言い続ける所以《ゆえん》なのだが、「幸せ」という感覚は、人と比較した時によりハッキリと感じやすいのだ。

　たとえば、ＯＷＮＤＡＹＳで働く全社員の年収を明日から一律１０００万円にしたらどうなるだろうか？

　メガネ屋の店員としては、既に十分な給料だから、みんな幸せになっても良さそうなものだが、それでもおそらく不満は変わらずに出てくるだろう。「あいつより俺の方が頑張っているんだから、あいつと同じではおかしい」「あの人が１０００万円なら、私は１５００万円はもらわないと嫌だ」、そんな感じで。

　一方で、みんなの給料が７００万円でも、さらに下の５００万円の人たちがいると、７００万円の人は幸せを感じたりする。「俺は彼らよりはもらってるな」と思い、優越感を抱くかもしれない。

勘違いをしないで頂きたいのだが、「給料がいくらになっても幸せになれるわけじゃないから、安い給料でも満足しろ！」と言いたいわけではない。

僕が伝えたいのは、幸せや不幸せという「感情」は、すぐ隣にいる誰かと比べた時に強く感じやすいというのは、間違いのない事実であるということだ。

病気をして体を壊したり、交通事故にあって大怪我をしたりした人を見ると「自分は健康でいられるだけ良かったな」と幸せを感じる。「生きてて良かった」と思える。

他人の不幸を目にした時も幸せを感じる。テレビなんかで、貧困に苦しむ人や暴力の犠牲になった人を見ると「自分は平穏に暮らせているから良かったな」と幸せを感じる。「この人は大変だな。それに比べたら、自分は幸せだな」というぐあいに。

政治家や有名人が、何か失敗をして、袋叩《だた》きにあったり、批判されたりしているところを見る。すると「政治家もああなっちゃおしまいよね」「自分は大した人生じゃないけど、みんなからあんな風に叩かれるよりはマシだよね」「やっぱり普通が一番よ」などと言って、幸せを感じようとする。

でも、そんなことで幸せをいくら感じたって、自分の人生は何一つ明るくはならない。しかも、この考え方の性質《たち》が悪いのは、自分の人生にやり場のない憤りや不満を抱えている人は、そのうち、常に自分よりも悪い境遇の「誰かの不幸」を探し回るようになることだ。

その考え方がさらに過熱すると、今度は自分の幸せを実感する為に、逆に他人を不幸にしようとしてしまう人すらいる。ネットで顔も出さず名前も名乗らずに安全圏から、誰かを罵り、Twitterでクソリプを繰り返すような人たちなんてその典型だろう。

そういう人たちは、幸せを実感する為に無意識のうちにそういう思考回路になってしまうのだろう。幸せを求めるほど、かえって人間はすごく醜くなっていく。そんな毎日を僕は過ごしたいと思わないし、そんなことで感じられる幸せなんて自分の人生には何ももたらしてくれない。だから「幸せ」という言葉は、僕に言わせれば「不幸の呪文」なのだ。

そんな「幸せ」という言葉に秘められたウソに気づいてから、僕は人に対して「あなたを幸せにする」とは言わなくなった。「幸せになるかどうか」はその人一人一人の感じ方の問題だから、僕にはどうすることもできないのだ。

それでは、何を基準にして人生を生きたら良いのだろうか？　「幸せ」と感じるかどうかは、相手次第だということはわかった。

かといって大切な家族や社員たちに「おまえのせいで不幸になった」なんて、できれば言われたくない。

「幸せ」ではなく「豊かさ」を基準に考える

そこで辿り着いたのが、人生にとって大切なのは「幸せ」ではなく「豊かさ」であるという考え方だった。

幸せを感じられる瞬間は、自分が豊かになった時に訪れることが多い。「豊かさ」は必ずしも誰かを貶《おとし》めなければ感じられないものではない。豊かさは相対的な要素が少なくてもきちんと実感することができる。豊かさなら、ある程度絶対的な基準を持つことができるのだ。

僕はＯＷＮＤＡＹＳの企業理念を「幸せ」から「豊かさ」に変えることにした。

「ＯＷＮＤＡＹＳに関わる人たちを豊かにする」というのが今のＯＷＮＤＡＹＳの企業理念だ。

僕は社長として、社員を「幸せ」にできるかどうかはわからないけれど、社員を「豊か」にすることはできると思っている。よって「ＯＷＮＤＡＹＳに入ったのに、まったく豊かになれなかった」ということがあれば、社長である僕のせいにしてもらって構わない。そう考えるようにした。

「幸せ」と「豊かさ」の違いは、いつ誰が見ても客観的に明らかだ。「人生においての豊かさ」とは何もお金に限った話ではない。

30万円の給料が50万円になった。これは確かに豊かさの一つだ。でもそれ以外にも、新しい知識を学んだ、新しい技術を習得した、海外に行ったことがなかったけれど、見知らぬ土地に行って新しい体験をした、新しい友達が増えた、新しい考え方を学んだ……。こういったものも全部、人生において大切な「豊かさ」だ。そしてお互いに認識が一致する「客観的なこと」でもある。

昨日まで自分になかったものが、今日、新しく増えた状態。お金だけじゃなく、知識や技術に経験、地位や名声、人脈、チャレンジする勇気、行動力……様々なものを自分にプラスして成長していけること、それら全部が「豊かさ」なのだ。

僕は家族に対しても、「どれだけ豊かにしてあげられるか」を基準にして毎日を過ごすようにした。

ただお金をあげれば良いのではなく、天気の良い日は子どもたちと街に繰り出す。商店街で面白い体験をした、近所のパン屋さんで素敵な出会いがあった、公園で木を見て、虫を捕まえて知識を得た、一緒に山に登り見たことのない景色を見て感動した、子どもが自転車に乗れるようになった、美しい音楽を聴いた……。

もちろん、そんな毎日を過ごす為には、お金が必要だ。でもお金は、そういう人生の豊かさを手に入れる為に必要な道具でしかないのだ。だからお金だけがいくらあっても、人は豊かになんてなれやしない。

こうして僕は、お金による物質的な豊かさだけではなく「人生の豊かさ」を家族と一緒に沢山追い求めるようになった。すると、結果的に幸せを感じる場面が沢山増えて、家族が笑顔になってくれる時間が沢山増えた。

あなたも誰かを「幸せにしよう」とは考えないで「豊かにしていこう」と考えるようにしてみてほしい。

「奥さんや旦那さんを豊かにしよう！」「子どもたちが豊かな人生を送れるようにしよう！」「社員を豊かにしよう！」「自分も豊かになろう！」「自分の会社を豊かにしよう！」「社会を豊かにしよう！」、そう考えると、自分が今やらなければいけないことが見えて、とてもすっきりすると思う。

そうしたら幸せを感じる瞬間を沢山味わうことができ、結果として幸せな人生を送れるようになるはずだから。

幸福度ランキングが低い日本

もう少しだけ、幸せという不幸の呪文について話したい。世界の幸福度ランキングで日本はすごく低い位置にいる。物質的にはこれだけ豊かで何の不自由もない国なのに、日本人の幸福度はとても低い。これこそ、比較して得られる「幸せ」という不幸の呪文に日本人みんなが囚われてしまっている証拠だ。

幸福度が低い大きな原因は「日本が島国」ということにあると思う。日本は国土が他国に接していない。地続きですぐ隣に自分たちより困難な状況にあえぐ人たちの国がない。

もし北朝鮮がすぐ隣にあれば「日本に生まれて良かった」とほとんどの人が思うだろう。でも日本人は、自分たちより過酷な境遇にあえぐ人たちをすぐ間近で見る機会があまりない。だから「自分たちは不幸だ」と思い込みやすい。

韓国は北朝鮮と隣り合っている。国境を越えると、同じ民族が同じ言葉を話しているのに所得が約20分の1になってしまう。自由も奪われ、まともな医療も受けられず、先進国では大したことのない病気でも亡くなってしまう人が大勢いる。韓国人の友人に話を聞くと「北朝鮮に生まれなくて、韓国に生まれて本当に良かった」と口を揃えて言う。

日本人は、自分たちが世界の中で、まだまだ恵まれた環境に住んでいるのに、それを幸せなことだと感じている人があまりに少ない。

「俺は家が貧乏だから」と言う人がいる。「俺は学歴がない」「家柄が良くない」と言う人もいる。でも世界中で数十億人の人たちは、そんな日本人よりも遥《はる》かにハンディキャップがあって劣悪な環境にいるのは、揺るぎのない事実だ。

自分たちの手にしている豊かさを実感できない。これはとても不幸なことだ。日本が長年にわたって停滞してしまっている原因の一つでもあると思う。

日本人には日本人しか見えていないのだ。もしすぐ隣に自分より劣悪な環境で苦しみもがいている人たちがいたら「せっかく自分は、こんないい環境にいるんだし、もったいないから、諦めずに頑張ってもっと努力してみよう」という気持ちになる人も多いだろう。しかし、自分が既に手にしている豊かさに気づいていないから、自分の境遇を必要以上に悪く捉え、嘆き、悲しみ、自分で自分の可能性を殺してしまっているように見えてならない。

今の日本人は、日本に生まれた時点で、人生を豊かに生きていく為に必要な可能性を沢山手にしている。自分たちの両親や祖父母、先人たちの世代が、そういう環境を死に物狂いで頑張って作ってきてくれたのだ。それを活かさないのは、すごくもったいないことだと思う。

日本のパスポートを持っていれば、世界中の国々へ気軽に行くことができる。でもみんな日本から出ていかないから、その有利さにも気づけない。世界を冷静に見渡せば、日本人の僕たちに配られたカードはものすごくいい。「衰退する日本の中の日本人」と言われると、閉塞感に支配されてしまいそうになるが「急成長しているアジアの中の日本人」という視点で見ると、日本人が持っている有利さや可能性はまだまだ山のようにある。

だいたい、自分が不幸だと思っていても、何一ついいことなどない。それなのに日本人は、マスコミや一部の政治家などの「日本は貧しくなっている、高齢化社会に人口減、お先真っ暗で不幸だ。このままでは日本は滅亡する」、そんな言説に洗脳されすぎている気がする。マスコミや政治家はそう言っておいた方が得をするのかもしれない。過剰に日本の現状を悪く言って「見えない敵」を作り出し、そこに向かって国民を先導する。これは、すごく危ないことでもある。

某政治家が言っていた象徴的なワンフレーズがある。

「日本の若者の死亡原因の1位は自殺だ」というものだ。「日本の若者、15歳から39歳くらいまでの死亡原因の1位はなんだか、みなさん知ってますか？　自殺なんですよ！　若い子が死ぬ一番の理由が自殺だなんて、こんな酷い国に誰がしたんだ！」と言って不安と悲しみを煽《あお》る。

　確かに自殺で多くの人が自ら命を断つのはとても悲しいことだと思う。でもそれを言うなら、若い人の死亡原因１位が何だったら満足なんだ？

「若者の死亡原因の１位が自殺」という現象は、こういう見方もできる。それは「病気や、事故や、戦争で若者が死んでいない」ということだ。

　彼は「死亡率」には言及しない。日本の乳幼児死亡率は世界でもぶっちぎりで低い。ガンや難病に冒されても、日本は所得に関係なく清潔な病院で質の高い医者による最先端の医療をしっかりと受けられる。戦争もなければテロも起きない。宗教対立・迫害で殺される人もいない。

　世界中では、綺麗な水を飲めないことが原因で、体を壊し、赤痢やコレラなどの病気で、いまだに毎年沢山の子どもが死んでいる。フィリピンに行けば、麻薬で死ぬ人とか拳銃で撃たれて死ぬ人も大勢いる。世界一の経済大国であるアメリカでは、年間約１万５０００人が銃で撃たれて死んでいる。中東では空爆や迫害で今日も大勢の人が死んでいる。

そう考えれば、自殺が一番の死亡原因になっていることは、他の国からしたら「とても良い国だね！　だって自殺する奴が一番多いんでしょ？」と言われるかもしれない。

日本は銃で撃たれる心配もなければ、戦争もない。街を歩いていていきなり襲われたり殺されたりすることもほぼない。ホームレスですら倒れていれば、救急車で運んでもらえる。海外に行くと、ホームレスは「物乞い」をしている。「お金を下さい」と言って空き缶を置き地べたに頭をつけている。ところが日本では、ホームレスが「お金をくれ」と言いながら寄ってくる光景をほとんど見ない。なぜだろうか？　日本のホームレスは物乞いをせずとも、生活できているからではないのか？

「日本は貧しい」と言えば言うほど、得をするのは誰か？　利権をどんどん得るのは誰か？　そこを見極めなければいけないと思う。「貧しいから、もっとこれをやりましょう」「あれをやりましょう」と言えば、どんどんどこかで誰かの利権が増えていく。国家の責任は「国民の生命、財産、安全を守ること」、そして「教育」だ。今の日本では海外と比較しても、これらはまだ十分に施されている。

もちろん、海外に比べて日本は豊かなんだから文句を言うな！　と言う気は、僕にも毛頭ない。人間関係や、経済的に困窮する「相対的貧困」に悩み苦しみ、自ら命を断つ人たちを救う努力は、みんなでしなければいけない。
家庭環境、特に親の問題で、本来、日本人なら得るべき権利を行使できない子どもたちも無視できないほどに増え続けている。相対的貧困に追いやられ人生を棒に振ってしまう人たちだ。そういう子どもたちを救う努力はみんなでしなければいけない。

でも、その為に必要なのは、多くの一般的な家庭に育ったみんなが「幸せ」という尺度の曖昧な基準を追いかけ、いたずらに不幸だと叫ぶのではなく、きちんと、今既に手にすることができている豊かさを実感して、その価値を十分に活用してさらに豊かさを増やし、相対的貧困に苦しむ子どもたちをサポートしてあげられるだけの余裕を持てるようになることじゃないのだろうか？

結局、人間は配られたカードで勝負するしかない。それが現実だ。だからこそ、今自分が置かれている状況を、ただ嘆き悲しみ、自分よりいいカードを持っている人を妬んでもしょうがないし、持っていない人を蔑《さげす》んだり、哀れんだりしても何も解決なんてしやしない。
自分に配られたカードの可能性を最大限に活用して、努力をして、自分がいかに成長して豊かな人生を送れるかを考えた方が人生は絶対に楽しいし、日本の社会全体も成長し、豊かになっていくはずだ。

だから、ことさらに不幸を強調し、不安を煽り、さもあなたに有利なカードが配られていないかのように思わせようとする人たちには簡単に惑わされないようにしてほしい。

CHAPTER 2

お金論のウソ

お金。

誰しもが欲しいと願ってやまないお金。

お金の為に、人を裏切り、人生を狂わせ、苦しみ、

絶望に打ちひしがれる人はあとを絶たない。

お金が持つ魅力は魔力とすら言える。

でも、お金って、本当にそんなに大切なものなのだろうか？

今、自分を支配している「お金」の正体について疑ってみてほしい。

今まで自分が大人たちから聞かされてきた「お金」に関する言葉を

全部、疑ってみてほしい。

「お金」なんて紙切れだ。ウンコを拭くことにすら、まともに使えやしない。

さあ、勇気を出して「お金」が纏っている仮面に手をかけて

思い切り引き剥がしてやれ。

そして、ただの紙切れでしかないあいつの正体を

白日のもとに曝《さら》け出してやるんだ。

ひょっとしたらそれが「お金持ち」になる一番の近道かもしれない。

お金は「交換ツール」でしかない

次に、豊かさとは切っても切り離せない「お金」について考えてみよう。

みんな「お金持ち」になりたいと思っている。そんなのは当たり前だ。様々な豊かさを手に入れる為の道具であるお金は沢山あるに越したことはない。

では、お金持ちになる為には、どうすれば良いのか？　そんな話をしていこう。

あなたがお金持ちになる為には、まず「目の前にあるお金は、ただの紙だ」と認識することが大切だ。

「どういうこと？　お金はただの紙切れじゃなくて、すごく重要なものでしょ？」と思った人も多いかもしれない。

しかし、お金持ちほど実は「お金なんてただの紙切れだ」と思っている。逆に、お金を持っていない人ほど「お金が大事だ」と思っている。お金がない人ほどお金を大事に抱え込んで「手放したくない」と考えているのだ。

お金を沢山手に入れたければ、まずは、この「お金についての幻想」を取り除かなければいけない。

しかし、そうはいっても多くの人がこういった感覚を身につけるのは難しいかもしれない。僕も20代の頃は事業がうまくいかず、お金のやりくりがとても苦しい時期が何度もあった。電気、水道、ガスを全部止められたことも毎月のようにあった。お金のない生活は本当に苦しいし、心を追い詰める。

そんな自分を苦しめているお金の正体は、なんてことない。ただの紙切れだ。とはいえ、粗末にしていいというわけではない。なぜならお金は重要な「交換ツール」だからだ。お金持ちになる為には、お金を「交換する」道具として認識しなければいけない。

世の中の全ては「交換」で成り立っている。

自分が持っているものと、誰かが持っているものを交換することで、全ての人は毎日を生きている。人里離れた山奥に一人きりで暮らして完全に自給自足の生活でもしない限り、毎日必ず何かしらの交換をしなければ暮らしていけない。

仕事も同じだ。仕事とは単純に言えば「自分の時間とお金を交換している」だけなのだ。

たとえば会社に対して私は自分の時間を1日8時間提供する。この8時間と交換に、会社から1日1万円を受け取る契約の場合。ただ時間とお金の交換をしているだけに過ぎないのだ。そう考えた時に、その交換が割に合うと思えばそのままでいいし、割に合わないと思うなら、その仕事を辞めるか、割に合うだけのものをお金にプラスして受け取れるようにしなければならない。


僕が、自分の貴重な時間を、ただの紙切れであるお金としか交換しないことが、どれほど馬鹿なことだったかに気づいたのは19歳の時だった。

その頃の僕は、体を壊しボクシングを諦め、今度はミュージシャンを目指して日々バンド活動に勤《いそ》しんでいたのだが、当時はYouTubeどころか、パソコンすらまだ満足に普及していない時代。売れないインディーズのバンドマンなんて、食えないどころか、お金も持ち出しで、ファンの女の子に食わせてもらってヒモみたいな生活をするのが「バンドマンの普通」だった。

でも僕は誰かに借りを作って世話になるのが大嫌いだったし、女の子の前ではどこまでも良い格好をしたかったので、忙しいバンド活動の合間になんとか時間を捻出してアルバイトに精を出していた。
　限られた時間で効率良く稼ごうと、血眼になって求人募集を探した。選ぶ基準は、仕事内容よりも、とにかく「時給の高さ」。そんな時、目に留まったのは「コンビニ弁当の工場での深夜勤務」だった。確か当時で時給１３００円。まだファミレスの店員が時給８００円の時代だったから当時にしては破格の時給だった。

　しかし、その仕事は、仕事とは名ばかりのまさに「労働」だった。
目深く帽子を被り、マスクをして、ゼッケンを付けて番号で呼ばれながら、流れてくる弁当のケースに黙々と総菜を詰める作業。その作業専用の機械を作るより、安くあがるから人にやらせている。ただそれだけの労働だった。

　誰とも喋《しゃべ》らず、流れ続けるベルトコンベアの前で機械のように決まった動作を繰り返すその１時間は、時間の存在そのものさえも忘れてしまうような、どこまでも退屈で途方もなく長い１時間だった。

　その仕事を始めて１年くらい経った時、ふとその工場で働いた期間を振り返ってみて、１年前と何も変わらず、何も手に入れていないことに気づいた僕は「自分の人生の時間を、切り売りしてお金と交換しているという感覚」に全身が包まれた。そしてなんだか、とても悔しくなった。

今僕がやらなければいけないのは、良い曲を作ること、ギターの腕を磨くこと、音楽業界に人脈を築くこと、一人でも多くのファンを作ること。それなのに、流れてくる弁当箱に何千個、何万個と唐揚げを置き続けても、人生は何も変わっていなかったし、一歩も前に進んでいなかった。

それどころか、ライバルたちは、女の子に食わせてもらって、時間をフルに使ってバンドのクオリティを上げ続けている。僕が「ヒモ野郎」と忌み嫌い馬鹿にしていた連中は、気づけばスターへの階段を駆け上がり始め、いつしか音楽で収入を得られるようになっていた。名前は伏せるが、今では誰もが名前を知っている有名なあのバンドなんだけど……。

あの時、僕が本当にやらなければいけなかった仕事は、ただ時間を差し出して交換してもらえるお金の多さだけで選んだ仕事なんかじゃなくて、お金に加えて自分が目指していたバンド活動や音楽のクオリティを上げるのに役立つ「何か」も、きちんと手に入れられ、自分自身を成長させ、人生を前に進めることのできる仕事だったのだ。

時給が安くても、ギター教室の先生、ライブハウスやスタジオミュージシャン、音楽出版社のアルバイト……そんな仕事の依頼は沢山あった。でも僕はそれらを全て捨てたった１３００円のお金だけと1時間を交換し続けることを選んでしまったのだ。

人は多くの時間を無駄にしている。若い人はみんな、時間が無限にあるかのように錯覚している。僕もそうだった。

でも実際には時間こそ限りある資源であり、人生で何ものにも代えがたい大切なものなのだ。お金は「手に入れて失い、失ってもまた手に入れられる」。しかし時間は「ただ失うこと」しかできないのだ。

今振り返ってみると、それほど貴重な19歳の８時間を、たかだか１万円とだけ交換していたなんて、どれほど馬鹿なことをしていたんだろうと思う。

「交換」の意味を理解すると、自分が提供できる時間の価値を再認識しやすくなる。あなたの貴重な時間を、お金とだけ交換するのなんて絶対にやめてほしい。人脈や経験、技術に知識など、お金以外の「何か」もプラスして手に入れなければいけない。

時間と交換して手に入るものが何なのか？　お金以外に割に合うものが手に入っているか？　仕事をしている人は、もう一度よく考えて、毎日のその交換は成立しているかを考えてみてほしい。

「不利な交換」から抜け出せ

大事なことなので繰り返す。お金はただの紙切れであり、交換の為のツールだ。しかし、多くの人はそうは認識していない。それは「お金は大切なものである」と子どもの頃からずっと教えられてきたからだ。しかし、これはただの幻想にしか過ぎない。

僕もずっと両親から言われてきた。「あなたちゃんと貯金してるの？」「無駄遣いばっかかするんじゃないよ」「おまえはお金の大切さをわかってない」

でもそれらは全部、間違いだった。お金は使う為にある。だってお金は交換する為のただの紙切れでありツールに過ぎないのだから。

僕の両親も悪気があったわけじゃないのだろう。ただ、両親も「お金は大切だ」という根拠のない社会の常識に洗脳されて思考停止していたに過ぎない。

お金が誕生したその時から「お金は、そのお金自体がとても大切で貴重なものだ」、そう洗脳しておいた方が、世の中の頭の良い人たち、政府や資産家にとって都合が良かったのだ。そして頭の良い人たちは、お金の役割をぼかすことで「お金は単なる交換ツールだ」という本質にみんなが気づかないようにしてきたのだ。

その証拠にお金には沢山の表現が存在する。「あげる、もらう、買う、使う、貸す、投資する、融資する、貯める、積み立てる、稼ぐ……」、ほら、挙げ始めたらキリがないでしょう？　これらは全部「お金は交換ツールだ」という本質を誤魔化す為に、みんなを欺く為に生まれてきた言葉たちでしかない。

「お金は価値のある大切なものだ」と思ってもらえていると、人々を安く雇うことができる。「自分の時間よりも、目の前の1000円が欲しい」という人が大勢いれば、雇う側は得をする。お金を貸す時も同じだ。「あとでいくらか多くして返してね」と言えば、借りてくれる人は大勢いる。みんな『大切なお金』が今すぐに欲しい」からだ。

世の中の強者は「お金自体に価値がある」とみんなに思わせることで、自分たちに有利な交換をして、ひそかに得をしているのだ。


「交換」というメガネをかけてお金にまつわる様々なやりとりを見てみると、世の中はまったく違って見えてくる。

たとえば「お金を借りる」という行為。これは単に自分の信用とお金を交換しているだけだ。仮に１万円を借りて、10日後に１万１０００円にして返す約束をしたとしよう。それは「１万円に１０００円を足して10日後に返す」という未来の自分の行動に対する信用と、目の前の１万円を交換したということでしかない。

仕事も同じだ。お金と時間の交換だ。人々の時間を使って労働をしてもらい、その労働力とお金を交換しているだけだ。もちろん労働力だけに限らない。才能や経験、人脈やアイデアなどとお金を交換することも沢山ある。

つまり、給料の高い人というのは、会社にとって交換できるものを沢山持っている人だと考えればわかりやすい。時給に換算すると何万円にもなるような人は、大きな価値を抱えている人だと言える。

一方で、交換できるものが時間と体力くらいしかない人は、どうしても時給は安くなっていく。単純なことだ。お金と交換する「もの」が少ないのだから。

自分の貴重な1時間と千円札を交換し続けるような「不利な交換」を続けていると、いつまで経っても貧乏のスパイラルから抜け出せなくなる。時間以外に交換できる価値を沢山増やしていかなければ、給料も増えてはいかない。

お金を沢山手にしたければ、「とにかくお金は大切」「お金がもらえてラッキー」という単純な発想から「これは得な交換かどうか?」という発想に切り替えることだ。

だから仕事をする中でも指示された作業をただこなすだけではなく、「交換できるもの」を自ら増やしていかないといけない。たとえば、19歳の僕がやっていた弁当工場で総菜を詰めるだけの仕事でも「言われた作業をこなして1万円もらうだけじゃもったいないから、これ以外に一つでも何かを得て帰らないと」と思えば得られるものは沢山あったと思う。「この工場はどういう仕組みで回っているのかな?」「もっと効率的に作業をする為の改善策はないのかな?」「あの人は作業のラインが円滑に進むようにこういう風に工程を管理しているんだな」というように観察して勉強し、それを自分の知識として蓄えることができていれば、今、自分がＯＷＮＤＡＹＳで商品の物流センターの効率を上げるのに大いに役立てられたかもしれない。

ミュージシャンを目指していたその当時は役立たなかったとしても、一度身につけた知識や経験はなくならないから、時を超え、弁当工場で得たその知識と経験はお金以上に価値を生み出し、「得な交換」に変えられたかもしれない。

自分の時間を「お金」だけと交換するのか？　「お金＋α」と交換するのか？　その積み重ねによって、あなたがお金と交換するものの選択肢はどんどん増えていく。

貧乏で目先のお金に困っているような人は、すごく不利な交換ばかりをしている。

たとえばスマホのゲームは、時間と単なる一瞬の喜びを交換しているだけだ。いまいち費用対効果が悪い交換をさせられている。

一方で自分の時間の価値をよく知っている人は、その時間をもとに自分に有利な交換を繰り返している。そして自分の中に交換できる「もの」を増やして、それをさらにお金に交換して、どんどんお金持ちになっていくのだ。

ＺＯＺＯの前社長・前澤友作さんが１２３億円でバスキアの絵画を買った時、「絵画に１２３億円も使って、金持ちの道楽、浪費だ」と多くの人が馬鹿にした。

アートに疎い僕も最初は少しそう思った。でも１２３億円をバスキアの絵画と交換することによって、前澤さんが何を手に入れたのかを考えてみると、なかなかどうして合理的だ。同じようにアートに造詣の深い世界のセレブたちとの人脈を築いていたし、海外からの取材も増えて、世界的な知名度も手に入れていた。そもそも、その絵画は時間が経つにつれて価値が上がっていき、後日１２３億円以上の金額でお金と再び交換できる可能性もある。

一見、ただの浪費に見える「絵画に１２３億円ものお金を使った」というこの行為も、見る人が見れば、とても有利な交換だったのだ。

表面的な「ものの価値」でしか判断できない人は、一生自分に有利な交換などできないのだなと、この時僕も改めて感じた。

お金持ちになりたいなら「交換の達人」になれ

お金を扱う時には「高い・安い」で捉えるのではなく「その交換が自分にとって本当に価値があるか？」という目線で考えることが重要だ。自分の中で言葉を変えて考えるのだ。

お金持ちは「お金と何かを交換するのが上手な人」だと考えればわかりやすい。

人生とは、常に何かしらの交換を繰り返しながら、自分の持っているものを増やしていく「ゲーム」のようなものだ。ゲームだから、プレイすればするほど交換の仕方はうまくなっていく。「これは不利な交換だ」「これはお得な交換だ」というのが感覚でわかってくるようになれば、自分がどういう交換をすれば手に入れられるお金が増えていくかもわかるようになる。

だから、若いうちはどんどんお金を使わないといけない。沢山ゲームをして、ゲームの達人を目指すのだ。

お金がなくなったことを苦にして自殺するなんてもってのほか。絶対にやめてほしい。お金には、そんな価値なんてない。お金なんて所詮、どこかの工場で、僕らと同じ人間が輪転機を回して刷った紙切れに過ぎない。神様が与えた神聖なものでもなんでもない。なくなったらまた何かと交換して手に入れればいい。ただそれだけのものなのだ。

「お金は交換ツールである」と僕が言語化し始めたのは、子どもにお金の教育をしようと思った時だ。

ある時、妻が子どもに「お金をあげる」という言い方をしていた。「勉強したら、お小遣いをあげるね」と言ったのだ。子どもは「勉強したら、お金がもらえるんだ」と思って「勉強したから、お金ちょうだい」と言うようになった。このやりとりはお金の本質ではない。これは子どもの人生にとって、良くないな、危ないなと思った。

僕は妻と相談して「お金をあげるとか、貸すとか、ものを売るとか、買うとか、そういう言葉を極力使わないようにしよう」と決めた。それ以来、子どもにお金のことを話す時は「交換する」という言葉を使うようにした。お金は稼ぐものでも、貯めるものでもなく、あくまで「何かと交換するもの」だと教えるようにしなければいけないのだ。

たとえば自分の子どもにお使いを頼む時も「コンビニでケチャップを買ってきて」ではなく「コンビニでケチャップとこの300円を交換してきて」と言うように変えた。「お掃除してくれたから、500円をあげるね」ではなく「1時間お掃除してくれたから、この500円と交換してあげるね」と表現するようにした。

お金は結局、ただの「交換ツール」でしかない。そこをまず、言葉で認識させるように教えていく必要があるのだ。

すると子どもは「このお金を何と交換しようかな？」と考えるようになった。お金を「ゲームの駒」として扱うようになったのだ。子どもには、あえて現金を持たせるようにしている。Suicaのような電子マネーにしてしまうと「交換している感」が薄れるからだ。

「１時間お掃除してくれたから、この５００円と交換してあげるね」と言って、子どもにお金を渡す。そのあと一緒にコンビニに行って「さっきの５００円と何を交換する？」と言うと、子どもは「うーん、１時間お掃除したからな……」と考えて「じゃあ、このジュースと５００円のうちの１００円を交換しよう」と決めた。この時初めて、彼の中で自分の時間の対価とジュースの持つ価値が一つに繋がったのだ。

「交換したくないな」「交換するのはもったいないな」と思っている時は「お金と交換しない方がいいよ」と教える。交換するのがもったいないと感じる時は、その交換がうまく成立していないということになるからだ。

お金への意識を変えるには、まず言葉を変えることだ。

「１００円でジュースを買う」のではなく「１００円をジュースと交換する」とい

うぐあいに。すると不利な交換にも気づくことができる。自分の８時間の労働と１万円を交換した。次に１万円を洋服と交換した。これは、自分の労働と洋服を交換したことになる。すると「これは、果たして割に合った交換だったのか？」と考えることができるようになるだろう。

あなたは、毎月の給料と交換に、お金以外に何かを手にすることができているだろうか？　紙に書き出して改めて確認してみるといい。経験や知識、人脈、技術、そういった「自分の中に残すことのできる価値」もお金と一緒に手に入れることができているだろうか？

決して目先のお金に惑わされてはいけない。今後の人生で、さらに大きなお金と交換できる何かをきちんと受け取れているかをよく考えてみるようにしてほしい。

「人」で選ばれれば、価値は青天井

この数年、ＯＷＮＤＡＹＳが一番重要視している働き方のスローガンがある。

それは**「ＯＷＮＤＡＹＳの◯◯さん、ではなく、◯◯さんがいるからＯＷＮＤＡ**

YSでメガネを買う、と言われるようになろう」というスローガンだ。

会社やブランドよりも、スタッフ個人の名前が前に来ることを目指す。そうでないと、ＯＷＮＤＡＹＳは生き残れないとすら思っている。いずれ「メガネなんてどこで買っても同じ」という日が必ず来るからだ。

商品はどんどん「同質化」していく。スマホも、アップルだろうがサムスンだろうが、だいたい機能は同じだ。頑張って商品開発をしても、結局すぐにパクられてしまい、同じようなものが店頭に並ぶ。

先ほどの「お金と交換する」という理論で考えていくと、機能が同じようなものが並んでいることはメーカーにとって不利だ。結局、価格の競争になって、どんどん「交換価値」は下がっていく。

いい品質のメガネを仕入れることも、行動力さえあれば誰でもできる。昔は中国に行くのも大変だったし、そこでいいメーカーを探すのも大変だった。言葉も通じない中で仕入れの交渉をするのも大変で、海外に送金するのも大変だった。だから、中国まで行って、商品を安く仕入れられるというだけで、大きな価値があったし、それ自体が、その会社の競争力にもなった。

しかしインターネットが普及して、今は業者間の取引もネットで完結できてしまうような時代になった。仕入れは誰にでもできるので、そこに価値はあまり生まれなくなってしまったのだ。

　では、同じような商品が並んでいた場合、最終的に人はどこで買うのか？

「人」で選んで買うようになる。「この人と過ごす時間があるから、この人が薦めているから、ここの商品とお金を交換したい」と思うようになるのだ。

「この人から買いたい」ということが判断基準になれば、競争にはならない。理論的には、青天井で交換価値は上がっていく。キャバ嬢やホストが一晩にして数千万円も稼いでしまうのは、そんな背景があるからだろう。

　しかも、個人の「在庫」は限られている。クローン人間を作る技術でも発達しない限り、その人の24時間は奪い合いになる。よって「1億円出す」という人がいれば1億円の値段がつくし、2人が欲しがったら、理論的には2人の財布の限界まで高騰していくことになる。これからは、個人も会社も、そういうところで勝負しなければいけなくなっていく。

　これからは「ＯＷＮＤＡＹＳのメガネを買う」ではなく「○○さんがいるからＯＷＮＤＡＹＳで買う」という時代になっていく。

時代はモノ消費からコト消費へと移り変わり、今は「ヒト消費」の時代に突入したのだ。

ヒト消費は学習塾でもレストランでもヘアサロンでも、メガネ屋でも、靴屋でもどんな業界でも起きてくる。「○○先生から教わりたい」「○○さんの作った料理が食べたい」「○○さんがいるから、靴はこのお店で買う」「メガネは○○さんから買う」、そんな社会になっていく。

今後、沢山の人から信頼され選ばれる人たちは、企業の間で奪い合いになる。よって、給料もすごく上がる。人気のおばちゃんが隣町のお店にいたら「給料、倍払うからうちのお店に来てよ」とスカウトされるようになるかもしれない。「人気のおばちゃんについているお客さん」も一緒にごっそりやってくるようになるからだ。昔はそういった「街の人気者のおばちゃん」の給料は低かった。でも、今はそういうおばちゃんは、ＳＮＳなどですぐに話題になって引っ張りだこになる。そういうおばちゃんが稼ぐ時代がやってくるのだ。

そういうおばちゃんはなぜ沢山売ることができるのか？　それは何より「楽しんでいるから」だろう。「○○さんには、これが似合うわよ」とか「○○さんにオススメの商品が入ったのよ」というぐあいに、本人も楽しんでいるし、目の前の人も楽しませようとする。そういう純粋な気持ちでやっているから、お客さんが支払った価格以上の豊かさを、お客さんに提供できるようになり、お得な交換がファンを生み、その人のフォロワーが増えていく。仕事だからと嫌々やっているような人には、ファンは絶対につかない。

技術だけで選ばれるような時代も、終わりつつある。寿司職人であっても、寿司の握り方は今やYouTubeでも勉強できる時代だ。品質やサービスという部分でも差別化には限界がある。

出版の世界でも、「編集がうまい」という人は沢山いるだろう。既にレッドオーシャンだ。一方で、「わけわかんないけど、幻冬舎の箕輪さんにお願いしたい」となれば、価値は青天井だ。「箕輪さんに編集してもらわないと絶対にダメなんだ！」という人が1億円出すと言えば、価値は1億円になるかもしれない。

芸能人が一番わかりやすいだろう。たとえば「司会がうまい」という機能的なことで言えば、いろんな人が候補に挙がる。でもこれは技術的な価値であって、その人の持つ価値の一つの側面でしかない。

技術は代替可能な価値だ。「司会をしてほしい」というニーズは、最終的にＡＩ

で満たせてしまうかもしれない。

一方でビートたけしさんはどうだろうか？　彼は、芸がどうこう、ギャグが面白いかどうか、では判断されていない。とっくに代えが利かない存在なので「たけしさんなら何億円でも出す」という人は沢山いる。欲しがる人がいる限り、青天井で価値が上がっていくとはそういうことなのだ。


これからは技術や機能だけでは、価値は上がっていかない。技術や機能がどんどんテクノロジーによって代替されてしまうからだ。そうなると、人間が本来持っている魅力の勝負になっていく。

「この人に任せたい。この人に教えてほしい」、そういうフォロワーを沢山引き寄せられた人が強い時代になっていくのだ。

経営者も、最初は「経営がうまい」ということで評価されていても、最後は存在感や「その人がいる」こと自体が価値になっていく。そういった価値のことを「意味」と言ったり「ストーリー」と言ったり、「人間力」と言ったり、いろいろと形容されるが、とにかくそういった価値で勝負した方が、値段が上がっていく時代になったのだ。

お金の価値が安定しているのは日本くらい

「お金は紙切れだ」という考え方は、7年前シンガポールに進出し、仕事の拠点を海外に移したことでより強い確信に変わった。

少し前、中国人の「爆買い」が世界中で話題になった。なぜ、彼らはあんなにモノをバンバン買うのだろうか?

これは中国人のスタッフと一緒にいてわかったことだが、中国人は「自分の国のお金を日本人ほど闇雲に信用していない」のだ。つまり、お金が本来持っている「交換のためのツールでしかない」という本質にみんな感覚的に気づいているのかもしれない。

お金の価値は政府の意向や社会情勢によって、いつどのように変えられるかわからない、絶対的なものではない、という本質に気づいている。だから、価値が不安定なお金の状態よりも、自分にとって確かな価値のあるモノに換えておいた方がいいという発想になっているような気がする。

宝石やロレックスにヴィトン、日本の土地を買い漁っているのも、それらが持つ価値をお金よりも評価して交換していると考えると納得がいく。

6年前、モスクワに滞在していた時に非常に面白い経験をした。夜テレビでニュースを見ていると、ロシアがクリミア半島を空爆していた。するとルーブルが大暴落して為替レートが円に対して一夜にして約半分の価格にまで下がった」と報道されたのだ。そのニュースを見ていて「おおっ、今ならブランド品が半額で買えるじゃん!」と思い、翌日、朝一でショッピングモールへ行ってみた。しかし開店時間の10時になってもショッピングモールが開かない。

ほどなくしてお店の人が「今日はオープン30分後だから」と言ってきた。「なんで?」と聞くと「いや、ルーブルが下がったから」と言われた。ルーブルが暴落したからお店の人が値札を全部変えていたのだ。ロシアではグローバルブランドは通貨の価値が大きく上下すると、値札を変えるという。ZARAでもヴィトンでも、ロシアのお店では値札をすぐに変えられるようになっていたのだ。

日本のように、いつでも1万円が同じ「1万円の価値」として使える状態の方が、逆に世界では異常なのかもしれない。通貨の価値が安定しすぎているから、みんな闇雲に「貯金していた方が安心だよね」と考え、お金が本来持つ交換の為のツールとしての特性を使いこなせなくなってしまっているのだ。

是非、1万円を持って東南アジアを回ってみてほしい。お金の見方が変わるはずだ。シンガポールに行ったら、1万円では洒落《しゃれ》たレストランでディナーも満足に楽しめない。でも飛行機に2時間乗ってネパールに行くと、街で一番の高級レストランで十分に贅沢ができる。同じ1万円でも、移動すれば、その価値は１０００円分にもなるし10万円分にもなる。

僕が今話した、お金は紙切れで、使う場所と時間によって価値がコロコロと変化するというのを必ず実感できるはずだ。

今も昔もお金は「仮想通貨」

ちょっとだけお金の成り立ちを振り返ってみよう。僕は専門家でもなんでもないので、詳しくは専門書を読むことをオススメして、ここでは触りに留める。

もともと、世界はモノとモノを交換する「実体経済」だった。同じ価値のあるモノ同士を交換していた。「塩と胡椒が欲しいから、この洋服をあげましょう」「肉が欲しいから、魚をあげましょう」というやりとりをしていたわけだ。

しばらくすると「胡椒を欲しがる人が多いし、胡椒だったらいろんなモノと交換できるし便利だよね」ということで、塩や胡椒、香辛料などが「通貨」の役割を果たすようになった。

古代エジプトではビールが通貨だったという。ピラミッドを作る作業員たちはみんな、給料をパンとビールでもらっていたらしい。「１日働いたから、ビールを３リットルあげましょう」というぐあいに。そのビールをまた何かに交換するのもいいし、普通に飲むのもいい。ビールを生産して、それが通貨として流通していたのだ。ビールの次に、ワインが通貨になり、お茶も通貨になった。

昔は飲み物が通貨として流通していたのだが、飲み物だとやはり重たい。「これを何かに置き換えられないかな」ということで、金や銀といった鉱物になり、それもまた扱いづらいので、その不便さを解消すべく発明されたのが「紙幣」であり、今僕らがありがたがって手にしている「お金」の正体だ。

しかし、お金自体はそもそも食べられないし、何の価値もない。胡椒やビール、金や銀が通貨の役割を果たしていた時は、それ自体にも確かな価値があった。でも、紙のお金自体には価値が何もないのだ。

最近、ビットコインを筆頭に「仮想通貨」という言葉が飛び交っている。でも、そもそも今世界中に流通している紙幣だって僕に言わせれば全部「仮想通貨」だ。みんな「仮想通貨で革命が起きる」と言っているが、革命が起きるのはビットコインなどの裏側にあるブロックチェーンの技術であって、お金に新しいジャンルを作ってデジタル表記したことなんかではない。そもそも、今流通しているお金自体が仮想でしかないのだから、そこを間違えてはいけない。

お金の話が嫌いな日本人

「お金は大切だ」「貯金しろ」と口酸っぱく大人たちは言うくせに、その一方で「世の中、お金じゃないよ」とも言う。なんて紛らわしい。いったいどっちがホントなんだ？

僕はこう思う。「様々なものと交換できるお金は、できるだけ沢山手に入れるべきだ」

だってそうだろう。冷静に考えてみてほしい。「幸せなこと」は、ほとんどお金がかかることばかりじゃないか。

試しに「幸せだと思うこと」を書き出してみるといい。おいしいものを食べる、旅行に行く、結婚する、子どもができる、子どもの成長を見守る、子どもが結婚する、孫ができる。……どうだろうか？　全部お金がかかることばかりじゃないだろうか？「世の中お金じゃない」と言っていても、いざ自分にとって幸せなイベントを想像して書き出してみると、ほぼ全てがお金のかかることばかりなのが現実だ。

　こういうことを言うと「友人と喋るのは幸せだしお金がかからない」という人がいる。でも、いい歳をした大人が、寒空のもと公園で何も飲まずにずっと喋るのが、果たして本当に幸せな時間なのだろうか？　やっぱりどこかのカフェに入ったりレストランでおいしい食事に舌鼓をうちながらお喋りをしたりした方が遥かに幸せを感じられるのではないだろうか？

「妹に子どもが生まれた」という「幸せ」もそうだ。確かにその出来事だけなら自分のお金はかからない。でも、結婚祝いも出産祝いも一切持っていかない。姪っ子や甥っ子が幼稚園に入っても、お祝いもお年玉も一切あげない。そんな生活でお互い幸せなのだろうか？　やっぱりお年玉をあげたら喜ぶし、ランドセルを買ってあげたら喜ぶだろう。幸せには全部、お金がついて回るのが現実だ。

　でも、なぜか、日本人はお金の話が嫌いだ。お金を稼ぐことに貪欲になることに対して否定的で「お金、お金と言うことは良くない」「お金で幸せは買えない」などと卑しいことのように言う。お金の話題になるとひそひそ話になる人も多くいる。

それには明確な原因がある。江戸時代に商人に力をつけさせない為に「お金を持っていることは下世話であり、下衆《げす》な行為である」「お金を持っていることは卑しいことだ」という風潮を支配階層が作ったからだ。江戸時代の士農工商という身分制度で、お金を稼ぐ商人は一番下の階級として蔑まれた。江戸幕府にとって、世の中を統治するのに、そうやって民衆を洗脳しておくことがすごく有効だったのだ。日本人がビジネスで大金を稼ぐ人を妬むのは、その名残《なごり》がいまだにあるからなのだ。

アメリカの場合は逆に、商人がお金を稼いで富を生み出すことで社会を発展させてきた歴史がある。「アメリカンドリーム」という言葉が象徴するように、みんなが「富を生もう」と奮起する社会を形成することが、アメリカの発展には都合が良かったわけだ。だから、お金持ちをヒーローのように扱う文化がある。

『アイアンマン』も『バットマン』もアメリカのスーパーヒーローたちはお金持ちが多い。一方で日本のスーパーヒーローは、なぜかみんな貧乏人だ。金持ちは『ドラえもん』のスネ夫のように、みんな意地悪な人物として登場する。そういう風に描かれている。ここにも日本の「金持ちは悪人で、貧乏人は善人」という構造が表れている気がしてならない。

お金に貴《き》賤《せん》はない。ただの交換ツールであってそれ以上でもそれ以下でもない。僕らは一刻も早くお金の洗脳から抜け出して、フラットに「交換で成立している世界」を正しく見る必要があるのだ。

お金を貯めて貧乏になる人、お金を使ってお金持ちになる人

二組の若い夫婦がいるとする。

子どもが生まれて3歳になり、幼稚園に入れることになった。二組とも、「せっかくなら私立の幼稚園に入れてあげよう」と考える。しかし、そうすると月に5万円が余計にかかる。さてどうするか？

一組目の夫婦はこう考える。「子どもに使うお金が5万円増えるから、転職して給料を増やそう」「5万円を稼ぐために、副業を始めよう」、そんな風に、この夫婦は自分たちに入ってくるお金を増やすことを考える。

二組目の夫婦は「子どもの費用が5万円増えるから、節約しなきゃね」と考える。「友達と遊びに行くのをやめておこう」「お小遣いを減らそう」「外食を減らしてお金を貯めなきゃ」、そう考えて、幼稚園代を捻出しようとする。入ってくるお金がこれ以上増えないことを前提に、生活を組み立ててしまう。

お金についての人間の思考回路は、この2つのどちらかしかない。言うまでもなく、前者の夫婦は成長し続けていくことになる。お金を増やすことに成功すれば、さらに子どもの教育にもお金をかけられるようになるだろう。質の良い教育を受けた子どもは、将来、社会に出て、さらに沢山のお金を稼げるようになるかもしれない。出ていくお金も増えるが一家全体に入ってくるお金の総量も増えていくことになるのだ。

後者の夫婦は、これ以上お金が増えていくことはない。当たり前だ。「お金を自分の努力で増やさない」ことを前提に考えてしまっているのだから。多くの人は、なるべく、使うお金を減らそうとする。でも、本来、お金を沢山使うのは良いことだ。豊かになっていくからだ。そこで「使うお金が増えるなら、入ってくるお金も増やそう」と思えばいいだけなのだ。

入ってくるお金を増やすことを考えずに、すぐ「節約しなきゃ」と考えてしまっては一生豊かになんてなれやしない。道は2つしかないのだ。沢山の交換を繰り返してお金を手に入れて多くのものと交換するか？　お金を交換せずに、さらに節約するか？　どちらが豊かになるかは一目瞭然だろう。

もう一つ、お金を増やす上で厄介な常識がある。それは「借金はしてはいけない」という考え方だ。

多くの人が借金することに抵抗を感じている。真面目な人ほど特にそうかもしれない。僕のように何十億円も借金を背負ったらプレッシャーで死にそうになってしまう人もいるかもしれない。

もちろん、僕も借金をすればプレッシャーを感じる。でも、僕は必要以上にプレッシャーだと思わないようにしている。お金自体を紙だと思うようにして「金なんて、借りられるものなら借りておいた方がいいよな」くらいに思っている。なぜなら**借金ができるということは、今の自分には「信用」がそれだけある**ということでもあるからだ。でも、多くの人がそういう思考回路にはならない。もちろん、『闇金ウシジマくん』のようなところからでも借りられればなんでも借りて、バンバン浪費すればいいというわけじゃない。

いい借金と悪い借金

「お金を増やす為」にお金を借りるのは、いい借金だ。前述の夫婦の例で言えば「家でホームページを作る副業をやろう。だからパソコンをもう１台買おう。でも手元に現金がないから、お金を借りよう」というのは、お金を増やす為の投資だからいい借金。投資としてならば、借りてもいい。

悪い借金というのは「使うお金をただ補う為」にお金を借りることだ。「子どもの幼稚園のお金が５万円余計にかかるから、毎月５万円をサラ金から借りてこよう」では何の解決にもなっていない。お金が増えていかない、その場凌ぎの借金だからだ。

月に収入を５万円増やす為に50万円借りるのはＯＫだ。毎月10万円収入を増やして、５万円を幼稚園に払い、５万円ずつ借金を返す。返し終わったら収入がさらに５万円増える。そういう感覚でお金を借りてくるのはいい借金。投資の為の借金であれば何も怖がる必要はない。

そもそも多くの人は「お金は自分の力では簡単に増やせない」という変な固定観念に囚われすぎている。でも、お金は、きちんと正しい努力さえすれば、いくらでも増やすことができるのだ。お金を増やす為に必要なお金が、今手元にないのであれば、借りてきてお金が貯まるまでの時間を短縮すればいい。**一番大事なのはお金よりも時間だ。**ただそれだけのシンプルな話なのだ。

いい借金は、「収入」と「負債」がセットになっている。でも、多くの人が「収入」の話に目を向けようとしない。借金をすると「負債」ばかりが増えて、「収入」が増えないイメージがあるのだろう。でも僕は、借金をすることで「収入」も増えるイメージがあるから怖くない。

ＯＷＮＤＡＹＳを買収した時も同じ発想だった。14億円の借金を抱えるのと同時に、20億円の売上もあるという状態だった。だから「別にいいか。20億円の売上を倍にすればいいんでしょ」と簡単に思えたのだ。

もっとも、言うは易《やす》し、いざ14億円の借金を背負ってからは血反吐《ちへど》を吐くような毎日だったけれども……。

「出世」という言葉の本当の意味

最後に「出世」という言葉について話をして、お金に関するこの章を終わりにしたいと思う。

よく「あの人、出世したね」なんていう会話をする。その時に「出世」という言葉を聞いて、あなたはどういう状態にある人のことをイメージするだろうか？

小学校の同窓会で、久しぶりに昔の友達に再会して「○○君って出世したよね」という会話があったとする。この時にみんなの頭の中で「出世」という言葉からイメージされるのは「大企業に入った」「社長や医者や弁護士になった」「有名人になった」「お金持ちになった」など、その人が、何かわかりやすい社会的なステータスを手に入れた状態だろう。

僕もよく「出世したね」と言われる。僕の母親も「あんたの息子、出世したわね」とよく言われているらしい。ただそれは、僕が社長になって、テレビや雑誌に出ているところを見て、その一面だけを捉えてそう形容しているだけだ。でも、この認識は大きく間違っている。

そもそも「出世」とは何か？

「出世」とは「人から必要とされている」ということだ。社長や医者や弁護士という肩書きがあるだけでは「出世した」とは言えない。「出世した」と言うためには、肩書き以前に、人から必要とされていなくてはいけない。

親が社長だから大企業の社長になるというのも「出世」とは言えない。実力不足で、会社の業績を落とし、社内外の誰からも必要とされていなければ、いずれ社長の座を追われてしまう。肩書きだけを手に入れたとしても、必要とされていないのであれば、そもそもその肩書きは存在していないのと一緒だ。そんなものは「出世」でもなんでもない。

まず目指すべきことは、人から必要とされることだ。必要とされた結果、社長になれたに過ぎない。順番が逆なのだ。そこがみんなすっぽり抜けてしまっているから本質を見誤る。

自分の子どもや社員に向かって「出世しなさい」と言うことは、正確には「あなたも人から必要とされる人になれるように努力しなさい」と言うことなのだ。会社でもどこでも、そもそも人から必要とされていないと出世なんてできやしない。自分が「出世」して部長や社長になりたいのであれば、まず「どうすればみんなから必要とされるか」を考えるべきだ。

幸せと不幸せの確率

僕は、常日頃から社員のみんなに「出世した方がいいよ」と口癖のように言っている。それはつまり「人から必要とされるようになった方がいいよ」ということだ。ただ、言うは易し。しんどいことも多い。人から必要とされる為に努力するのは、とても大変だ。責任もプレッシャーもある。だから、若い人の中には「苦労してまで出世したいとは思わない」「給料もそんなにいらない」などと本気で言う人も沢山いる。

それでも僕が「出世した方がいいよ」と言うのには理由がある。それは「幸せと不幸せの確率」だ。そこをみんなわかっていないのだ。

たとえば、自分が幸せを感じる瞬間はどんな時だろうか？　給料が増えた、結婚した、子どもができた、あったかいお風呂に入る、おいしいご飯を食べる……。これらは「幸せ」なことだろう。

逆に、不幸になる瞬間はどんな時だろうか？　病気をした、怪我をした、借金で破産した、犯罪に巻き込まれた、家が火事になった……。これらは「不幸」なこと。

ここでみんなの頭から抜けてしまっていることがある。それは、**幸せは「自分だけ」のものだけれど、不幸は「近親者」にも影響を及ぼすということだ。**

たとえば、あなたのお母さんが、今日遠く離れた実家で、いつもどおりにおいしいご飯を食べていたとしても、あなたは、それを同じように幸せと思って味わうことはできないだろう。あなたの弟に彼女ができても、あなたは大して幸せにはなれない。嬉しいのは弟であって自分ではない。むしろ自分に恋人がいなかったら悔しくて不幸せを感じるかもしれない。これらの幸せは、自分以外の人間が体験したところで、自分にとっては「良かったね」だけで終わってしまう話なのだ。親族の誰かの給料が上がれば、「良かったね」とは思うかもしれないが、そこから先は特に自分には関係のない話だ。

ところが不幸なイベントは、近親者にも大きな影響が及ぶ。近親者の幸せは共に味わえないが、近親者の不幸は、自分にも大きな経済的な影響が及ぶのだ。

親が病気になった、親が事故にあって大怪我をした、妹が犯罪に巻き込まれた、兄の家が火事で燃えた、妹の旦那が破産した……。こういったことが起こると、自分にもその不幸は飛び火する。それも近親者の数だけ。そう考えると、人間は不幸が降りかかってくる確率の方が圧倒的に高いことがわかる。周りに幸せなイベントが起こっても自分にはあまり恩恵がないのに、不幸なイベントが起これば、家族や近親者の数だけ自分にも経済的な影響が及ぶのが現実だ。

僕のもとには、ひっきりなしに「社員の○○の家族が亡くなりました」「社員の○○が重い病気に罹《かか》りました」「家族が病気になったので長期休暇を取ります」といった報告や慶弔見舞金の稟議《りんぎ》申請が上がってくる。国内の社員は現在６００人くらい。ＯＷＮＤＡＹＳの福利厚生の規定では、慶弔見舞金が二親等まで出る。日本人の成人の平均的な二親等以内の親族者数は約８人。つまり「社員の数×８人前後」が対象になる。ということは４８００人くらいが慶弔見舞金の対象者になっている計算になる。すると病気や事故まで含めれば、ＯＷＮＤＡＹＳの社員、誰かしらの身の周りで、何かしらの不幸なイベントが発生するのは日常茶飯事ということになる。

それなのに、多くの人、特に若い人ほど「自分には不幸が起きない」と漠然と思ってしまっている。親もずっと元気だし、兄弟が交通事故にあうこともないと思っているし、ましてや自分はガンや大きな病気になんて罹らないと思っている。

しかし実は、ほんの数百分の一、宝くじに当たる確率の何千万倍もの高確率で毎年あなたには不幸なイベントが起きてしまう可能性があるのだ。

いざという時に自分を助けてくれるのは「お金」ではなく「信頼」

親はよくこんなことを言う。

「あんた貯金してんの？　貯金もせずに、いざという時にどうすんの？　何かあったらどうすんの？」と。

しかし、本当に「いざという時」に貯金が多少あったって、悲しいかな、実際には何にも解決しないことも多い。仮に月給30万円の人が毎月3万円を貯金したとしても、1年間で36万円。1年間爪に火を灯すような思いで頑張ったとしても、給料1ヶ月分しか貯められない。

たとえば親がガンになって、看病のために休職しなければいけなくなったとする。それまで「いざ」という時に備えて3年間頑張って貯金していたとしても、たった

３ヶ月分の保障にしかならない。20年間毎月、給料の10％を貯金し続けても、２年しか生活を維持できない。あなたがもし、何億円も持っているのなら貯金をするのもいいかもしれないが、しかし悲しいけれど、年収の低い人が爪に火を灯すように貯金をしても、気休めくらいにしかならないのが現実だ。

若い人が毎月３万円の貯金をするくらいならその３万円でいろんな人と会って、仲良くなって、飲みに行って、遊びに行って、いろんな人脈を作って、いろんな体験をした方がいい。もしくは、本を買って読んで、何かを学び、いろんな知識を身につけるのもいい。

そうすれば、いざ何かあった時、たとえば親が急病になってしばらく会社に出られないという時でも「きみが休んでいる間も、給料を出してくれるように俺たちが社長にお願いしてあげるから、また帰っておいでよ！」と仲間たちに言ってもらえるかもしれない。

実際、ＯＷＮＤＡＹＳには、そういう人が沢山いる。家庭に不幸なことが起こってしまい、今までどおり仕事が続けられなくなり、辞表を提出した時に「辞めなくていいよ。給料は変わらず全部出し続けてあげるから、生活が落ち着いたら戻ってきて」と言われるような人だ。僕が個人的に金銭的な援助をしてあげた社員もいる。会社のみんなから必要とされていて、みんなが支えてあげたいと願い、特例を出される人もいれば「残念だね」という言葉しかかけてもらえない人もいる。労働基準法と社会保険の適用範囲までしか生活が保障されない人たちだ。

幸せを感じる瞬間を沢山手に入れる為には、お金はなくてはならない。だからできるだけ手に入れておいた方がいい。しかし、あなたの身に不幸なことが不意に起こり、**いざという時に、本当に自分を助けてくれるのは、お金ではなくて、その時までに培った自分の価値と、その価値を必要としてくれる沢山の人たちとの信頼関係だ。**もしくは、ピンチに立ち向かう為の勇気だったり、困難を乗り越える為の知恵だったり。本当は若い時にこそ、貯金よりも、そういう「お金より大切」なものを沢山身につけておかなければならないのだ。

「別に出世なんかしなくていい」「人から必要とされなくてもいい」。……もちろんそういう「今が楽なだけの生き方」がいいのであれば、それでもいいけれど、もう一度、自分が不幸になる確率をきちんと計算してから考えてみてほしい。いざ、自分に不幸が降りかかった時になって、慌てふためき「助けて」と懇願しても、普段から人に必要とされていなかったら、誰も助けてくれやしない。

人から必要とされている人であれば、仮に震災があって家が壊れてしまっても

「じゃあ、俺んちに住みなよ」という人が出てくるかもしれない。ストーカーにあって困っていると言ったら「俺たちが守ってやるよ」とボディーガードを買って出てくれる人たちが現れるかもしれない。

ガンになったってお金を払えば治るわけではない。いくらお金があったって治らない病気も沢山ある。でも、ガンになった時に、腕のいい名医を紹介してくれる人脈があれば、生き残れる確率は変わってくる。自分の代わりに最新の治療法を調べてくれて「これがいいよ、あれがいいよ」というように病気と一緒に立ち向かってくれる仲間が沢山いれば、助かる確率を上げることができる。

若い人ほど、自分の今の生活が永遠に続くような幻想を持ってしまっている。でも実は、すごく薄い氷の上を歩いていて、いつ何時、足元の氷が割れて冷たい水の中に落ちていくかわからない。それがあなたが歩いている人生というものの現実なのだ。

CHAPTER 3

仕事論のウソ

仕事。

働かざるもの食うべからず。

耳にタコができるほど聞かされてきた社会のルール。

でもちょっと待てよ……。

本当に働くことが仕事なのだろうか？

「人が動く」と書いて「働く」と読む。

遊びだって、趣味だって、勉強だって、全部人が動いている。

実は働くことと仕事は、まったくの別物なんじゃないだろうか？

僕は、今も毎日疑っている。「仕事」って奴の本当の顔、その正体を。

その答えは、まだ僕にもわからない。

だから一緒に探してみよう。

自分がこれから先、長い人生を捧げていける本当の仕事って奴を。

「仕事」と「労働」と「遊び」の境界線

さて、次は「仕事」について考えていこう。

まず最初に言いたいのは「仕事」と「労働」とでは、似ているようで全然違うということだ。

「仕事」とは、誰かの願い（真のニーズ）を叶えるために、自分ができる限りの価値を提供することで、「労働」とは、体を使って働くこと、特に、収入を得る目的で、体や知能を使って働くことを指す。

これだけでは、まだいまいちピンとこない人も多いだろうから、なんとなく曖昧な、仕事と労働というこの2つの言葉の定義について、もう少し掘り下げて考えていくことにしよう。

よく「仕事がつまらない」と言っている人を見かけるが、その場合の「仕事」とは実は「労働」だ。「プライベートと仕事を分けたい」「オン・オフをきっちりしたい」と言う人もいる。そういう人がやっている「仕事」も実は、ただの「労働」なのだ。

そもそも、僕はこの「仕事」という言葉にあまりしっくりきていない。仕事という表現が全ての問題を複雑化しているような気がする。なぜなら「仕事」という言葉は人それぞれ定義が曖昧で、実はそこには明確な境界線など存在すらしていないからだ。

実際は「労働」なのに「仕事」という言葉にすると、何か崇高で尊いもののように感じる。世間では労働もひっくるめて全て仕事と表現するから、議論がおかしくなるのだ。

僕は料理をするのが好きだ。会社から帰ったあと、夜中に一人自宅のキッチンでカレーを作る。トマトをすり潰すところから始めてスパイスを加えていき、何時間もかけてカレーを作っている。料理を作っている時間は、無心になれるし、心が安らぐから好きなのだ。

妻は、ベランダの植木鉢でミニトマトなどの野菜やハーブを育てている。別に食費を浮かせる為とかではなく、野菜を作るのが好きなので趣味で作っている。

野菜を育てて、その日の食事を作る。これらの行為は、何百年も昔の人から見たら、立派な「労働」だ。でも、今は「趣味」だったり「遊び」になったりしている。

江戸時代の人には、仕事として畑で野菜を作っている人も、家庭菜園で野菜を育てている人も、その行為には何の違いもなく見えるはずだ。

200~300年前は85%の人が畑を耕していた。一生懸命、朝から晩まで、みんなで生きていく為に必要不可欠な食料を作っていた。食料を生産するのが人類にとって一番大きな「労働」だったのだ。しかし産業革命が起きて、食料を作らなくて良くなった。ついに人類は「労働」から解放されたのだ。

そこからは、みんなが遊んで暮らせるようになるはずだった。ところが結局、便利な機械は新たに無駄なものを生産し始めた。無駄を作り出すようになって、その為の労働をわざわざ作り出していったのだ。

その後、科学は進化を続け、現代になり、食べ物も、着るものも、住むところも、車などの移動手段も何もかも、人間が文化的な暮らしをする上で必要なものは、全てできあがった。だから、そもそもとっくにみんな働かなくていい状況になっているはずなのに、今もなお、多くの人たちが毎日、嫌々「労働」を続けている。

洋服一つとっても、既に世界中の人が必要とする量の何十倍もの洋服がこの世の中には溢れている。人間が寒さを凌ぐ為に着るものに困ることはない。日本だけでも年間に100万トン以上の新品の洋服が廃棄処分されている。

それでもなお、「流行りのデザインじゃない」とか「もっと良い素材ができた」などと言っては、せっかく作った洋服をゴミ箱に捨て続ける。そしてまた環境を破壊し、新しい洋服を生産し、その為に無駄な労働が生まれている。

　車だって家だって日本中の人に行き渡るだけのものが既にある。今、ぱっと外を見渡しても、そこらへんに乗っていない車が停まっている。日本は空き家だらけだ。壊れたら修理して大切に使いさえすれば、ほとんどのものは何も新しく作る必要などないのだから、世界中でこんなに多くの人が、義務のように一日中、つまらない労働をしなくても、十分に生きていくことはできるはずだ。

　機械がずっと食料を製造し続け、それを摂取していればみんな生きていける。むしろそっちの方が健康的かもしれない。それだけで十分なカロリーを摂れる。しかし、人は「もっとできたてで、新鮮で、おいしくて、食べたことのないものを食べたい」と思ってしまうものだ。そして、その為の労働をまた大量に作り出す。余計なおいしいものを食べれば、当然ながら太る。すると今度は、痩せる為にＲＩＺＡＰやフィットネスジムのようなビジネスが生まれる。揚げ物を食べて太ったら、今度は油を使わない低カロリーの食事を作る。人類はそんなことばかりを繰り返しているのだ。

　そこで「労働」イコール「仕事」という捉え方は一度捨てて、「自分の使命としてやっているかどうか」「自分のやりたいことかどうか」で、自分の仕事をもう一度振り返ってみてほしい。

たとえば、消防士や警察官、自衛官や医者などはおそらく自分の仕事を「労働」だとは思っていないだろう。「人の命を救いたい」「人の役に立って笑顔を見たい」「社会を良くしたい」という使命感があるからやっている人たちばかりだ。自分が交通事故にあった時、「勤務時間外だから助けに行きたくないな。今から救急車を出すのはいいですけど、それって残業代出るんですか？」みたいなことばかり言っている救急隊員には絶対に助けられたくない。

学校の先生も、労働としてやっている人たちはすごくいい加減だ。一方で「子どもたちが成長するのを助けたい」「自分の経験を子どもたちに伝えたい」「この子たちの暮らしを豊かにしていきたい」という思いがある先生は質の高い教育をしてくれている。自分の子どもを預けるなら、そういう先生に預けたい。

オリエンタルラジオの中田敦彦さんは、最近自身のYouTubeチャンネルが爆発的にヒットして多くのファンを獲得している。動画に登場する彼は、水を得た魚のように、マシンガンの如く熱を帯びた言葉を視聴者に向かって浴びせかけていく。

その表情は、とにかく楽しそうだ。彼は昔から「何かについて喋る・説明する」のが好きだったそうだ。そこでテレビの枠から飛び出し、自分自身が楽しめる「喋り」を純粋に追求し、楽しむその姿勢は、多くの人に伝わり、世代を超えて人々を魅了している。果たして、彼の中で本気で打ち込む「遊び」と「仕事」に境界線はあるのだろうか？　答えはノーだろう。

労働は時代の変化に伴って常に新しく生み出され続けていくが、それと同時にテクノロジーの進化によって常に消滅していく。

歴史的に見ても、たとえば畑を耕すことは「労働」だったが、今では昔だったら１００人でやっていた農作業も、トラクターに乗ったおじいちゃんが一人でできてしまう。人や荷物を運ぶのも、昔はえっちらおっちら人力車や馬車で運んでいたのが、今では車や電車、飛行機が担っている。それも何千人・何トンという単位で一度に。これも「多くの労働がなくなった」と言えるだろう。

今に始まったことでなく、昔からどんどん労働は生み出されてはなくなっている。そのうち、コンビニやメガネ屋の中でも、労働をするような人はいなくなっていくだろう。

一方で使命としてやっている人や、意味を見いだしてやっている人、楽しみながらやっているような人は多くの人から必要とされその価値をさらに高めていく。

前述したが、これからは街の世話好きなおばちゃんの価値が上がる時代がやってくるかもしれない。お客さんが「そのおばちゃんに会いたいから買い物に行く」ということが起きるようになるのだ。

商店街の総菜屋でコロッケを揚げること自体は機械でもできる。実際にコンビニのコロッケは既にものすごくおいしい。でもあれは、冷凍した状態で店に運ばれてきて、揚げているだけだ。それでも十分すぎるぐらいにおいしい。

でも、総菜屋の前のベンチでコロッケを食べている時に、喋りかけてくれるおばちゃんはけっこう貴重だ。これからどんどん孤独な老人も増えていくから、寂しいなと思ってコロッケを食べている時に、おばちゃんが喋りかけてくれたら嬉しい。「あんたコロッケばっか食べてるわね？　今度の新商品のメンチカツもおいしいから一度食べてみなさいよ」みたいな楽しい会話や、ほっとする時間に価値が生まれてくる。

すると必然的に話し好きで、世話好きで、地域のみんなから慕われているそのおばちゃんの価値はすごく高くなるのだ。

「商品の物質的な価値」だけで購入されていた「モノ消費」から「面白い体験」に

価値を移した「コト消費」へと移り変わり、これからは、「魅力ある人の価値」にフォーカスされ消費が動く「ヒト消費」の時代が本格的に始まる。

労働をしている店員と、仕事をしている店員の違い

今、世の中は様々な物事が二極化しつつある。特に、OWNDAYSのような小売業はその流れが極端に速くなっている。

アマゾンや楽天など、スマホがあればなんでも揃うネット通販のような売り方と、名物おばちゃんがいる商店街の総菜屋さんのような「○○さんから買う」といった売り方に二極化していくだろう。その中間の**「どこにでもあるものを、そこらへんにいる人が適当に売る」という売り方は早ければあと数年のうちに淘汰されていくだろう。**

次の時代に生き残るのは「アマゾンや楽天では買えないようなマニアックで貴重なものを売るお店」か「商品自体は手に入りやすいけれど、売り手個人に存在感があり、自分に合わせて商品を選んでくれるお店」のどちらかということになる。た

だ、前者は仕入れだけの問題なので、貴重なものであってもネットで手に入るようになればいずれ消えていく可能性も高い。

「売り手個人に価値がある」とはどういうことだろうか？

今はものが溢れすぎて、みんな「何を買ったらいいかわからない」と感じている。そこで的確にアドバイスできるような店員がいたら存在感を示すことができるだろう。

この前、僕は家の洗濯機が壊れたので買い替えようと思って、ネットで「洗濯機」を検索してみた。でも、どれを買ったらいいのかまるでわからない。洗濯機なんて５年とか10年に１回しか買わない。今使っている洗濯機を買ったのはもう７〜８年前で、今の製品とは機能もラインナップもまるっきり変わってしまっている。

しょうがないので、家電量販店に行き、実際に商品を見て購入しようと思ったのだが、洗濯機売り場に行くとズラリと30〜40台の洗濯機が並んでいた。それぞれに表示されている情報を見ても価格以外にはいまいち違いがわからないので、店員を捕まえて「何が違うの？」と聞いてみた。店員は「あれが違う。これが違う。値段はいくらからいくらまでである。何リッターでどうのこうので、いろんな機能がついていて……」と説明をしてくれた。

しかしこちらは洗濯機に関してはズブの素人だ。なんなら柔軟剤と液体洗剤の違いすらよくわからないのに、ドラム式だのマイクロ高圧だの、しまいにはウルトラファインバブルとか、何かの必殺技みたいな名前まで飛び出してきて、もはやチンプンカンプンである。

困り果てて「よくわかんないけど、結局、どれがいいの?」と聞くと、店員は「ご予算はどれくらいですか」と聞いてくる。「別にいくらでもいいんだけど」と答えると、「いくらでもいいと言われましても……」とその店員は困り顔で口をつぐんでしまった。「じゃあ一番高いのが一番良いやつなの?」と聞くと「そういうわけでもない」と返される。

このやりとりの末、結局僕は「この店員イケてないな」と思って、その場で購入するのを諦め、家に帰って、一からネットでいろんな口コミを調べ、良さそうなものを自分で判断して買うことにした。

この「調べて自分にちょうど良いものを選ぶプロセス」がものすごく面倒臭いから家電量販店に行ったのに、これなら最初からお店に足を運ばなくてもよかったと後悔してしまった。

この時、対応してくれた店員は、僕が求めている答えを教えてくれなかったし、一緒に見つけ出そうとはしてくれなかった。それは彼が「労働者」だったからだろう。彼にとって洗濯機の販売は労働だから、マニュアルに書いてある受け答えしかしない。機械のスペックや価格については答えられるけれど、そこから先は思考が止まってしまったのだ。

今の時代に必要とされているのは、そういう時に「洗濯機なら俺に任せとけ！」「俺は誰よりも洗濯機のプロだ！」と言える人なのだ。

「なるほど、あなたの家の広さ、洋服の好み、家族構成なんかを考えると、ぴったり合う洗濯機はこれですね！」と選んでくれて、さらには洗濯方法や洗濯機のメンテナンスのアドバイスまでしてくれる。そんな人がいれば、お客さんはその人に選んでもらいにわざわざお店にまで足を運ぶことだろう。

たとえば、オーディオマニアの人はとても多いが、オーディオが好きな人が店員をやっている専門店などは良い例だろう。楽器店も同じ。みんな楽器が好きで働いているので「こんなジャンルの音楽が好きで、このアーティストが好きなら、このブランドのこのギターがいいですよ！　このギターは素材がマホガニーで、音色はこうで……」なんて感じで沢山の知識を教えながら選んでくれる。

前述の家電量販店の洗濯機売り場にそういう人がいないのであれば、それこそこれからはＡＩがその仕事を代替していくことだろう。家電量販店の売り場にはタッチパネルがあって、家族構成や用途、洗濯の頻度などを入力すると「あなたにぴったりなのはこれです」と自動診断してくれるようになる。

条件を選択していくと該当する製品が出てきて「店内のこの場所にあります」と教えてくれる。あとは現物を確認して、良さそうであれば買う。そうすればもっと売れるようになるだろう。

ＯＷＮＤＡＹＳも同じだ。これからのメガネ屋も、労働者ばかりでは生き残れなくなる。機械的に視力を測定して、マニュアルどおりにメガネを作るだけではお客様の信頼は得られなくなる。

「あなたのファッションだったら、このデザインのメガネがいいですよ！」「あなたのライフスタイルだと、こういうレンズにこのへんの距離がよく見えるメガネがぴったりですよ！」、そんな風に、プロとして豊富な知識と経験に基づいた的確なアドバイスができなければいけない。かといって上から目線で押し付けがましくてもいけない。人としての会話の楽しさも重要だ。それができれば「これからは○○

さんに頼もう」となるだろう。

自分のことをきちんと理解してくれて、自分の代わりにプロとしてレコメンドをちゃんとしてくれる店員のいるお店は、お客様にとっても楽だし、信頼できる。現物を見て、会話をして、実際に試しながら買い物をする楽しさを味わえた時、そのお店は初めてアマゾンに勝つことができるのだ。

お店が人で選ばれる時代になるのは遠い先の話ではない。もう今の時代が既にそうなのだ。

だからこそ「労働だ」と思うような仕事はさっさと辞めて、自分の遊びとか、使命とか、何か意味のあることにもっと集中して、一人でも多くの人から必要とされるような存在にならなくてはいけない。

みんな、「お金をもらうことが労働だ」という感覚が体に染み込みすぎている。「会社に行く＝お金をもらう」になってしまっている。会社で働いたり、会社から給料をもらったりしている時点で「これは労働なんだ」と自ら決め付けてしまっている。自分から仕事をつまらなくしてしまっているのだ。

幸い、僕は最近自分の持っている株式を一部売却して多額の現金を得ることができたので「お金の為に働く」という必要がなくなった。毎日生活していく為に必要なお金は、もう十分に得ることができたので、お金に対する興味が極端に薄れたのだ。会社からもらっている給料がいくらなのかもあまりよくわかっていないし、自分の口座もほとんど見ていない。つまり僕は、給料をもらう為に会社に行かなくなったのだ。

　でももし会社からもらえる給料がゼロであっても、僕は仕事をするだろう。僕にとって、仕事をすること、会社に行くことは生きていく為に仕方なくやらなければいけない「労働」ではないからだ。

　この本もかなり長い時間を使って書いているが、印税は放棄し、プロモーションの為の講演料、メディアへの出演料も全て会社に入るようにしているので、僕個人には１円も入ってこない。でも眠い目をこすり、休日を返上してまで書いている。それは世の中の間違った考え方に縛られ、労働に囚われてつらい思いをしている人や、何よりもＯＷＮＤＡＹＳで働く全ての人たちにもっと仕事を楽しんでもらいたいし、みんなが楽しく仕事をしている方が自分も楽しいからに過ぎない。その為に自分の考え方を伝えるのに本を出した方が効率が良いからこの本を書いている。

　僕はこの本を書く時間と労力を、お金とは交換していないが、仕事を遊びのように楽しむ人が増え、その中から出てくる未来のＯＷＮＤＡＹＳの新しい仲間たちと出会えるキッカケと交換しているとも言える。

一方で僕も「労働」を強いられている。
それは「ゲーム」だ。

僕は、小学生の息子と週に3時間、『Nintendo Switch』で一緒に遊ばなければいけないことになっている。僕はテレビゲームにまったく面白さを感じないので、これはめちゃくちゃしんどい。今の僕にとっては、ゲームをすることが「労働」なのだ。

僕はまったくゲームが好きではない。子どもの頃、父親がファミコンショップを経営していたので、ゲームに埋もれて暮らしていた。時間があれば、家に溢れる中古ゲームソフトの整理や袋詰め作業に駆り出される日々を過ごしていた僕にとって、テレビゲームは遊ぶものではなく、家族が生活していく為の道具でしかなかった。その頃の体験がトラウマになっていて、ゲームは見るのも触るのも嫌なのだ。

なんでそんなやりたくないゲームを嫌々するハメになったかというと、「パパが週に3時間一緒にゲームをやってあげるから、その代わり、そのつど2時間勉強してね」という約束を子どもとしてしまったからだ。

なので、子どもと『マリオカート』や『スプラトゥーン』をやらないといけない。でも僕はゲームが好きではないから覚えないし、うまくならないから、余計につまらない。意味もわからず適当にコントローラーを動かしている時間は、苦痛以外の何ものでもない。しかもゲーム中に会社の売上やニュースが気になってスマホを弄《いじ》っていると、息子からは怒られる。「パパ、ゲーム中にスマホなんて見ないでよ！　もっと集中してやって！」と。なんだかどこかで聞いたようなセリフだ。

『Nintendo Switch』は、世界中の人にとって、とても楽しい「遊び」かもしれないが、僕にとっては「労働」なのだ。世の中には僕のように『マリオカート』を「労働」としてやっている人がいる。そこに、やりがいや面白さを見いだすことができれば遊びになるし、逆にそれを見いだせなければ、せっかくの楽しいゲームだってつまらない労働に成り下がってしまう。

労働と遊びの境界線は実はどこにも存在していない。要は自分がその行為をどう捉えるか？　自分の考え方次第で仕事は遊びにも労働にも変えられるのである。

今後「人が仕事をする」ということの意味合いは、全ての職業で変わっていく。昨今、毎日のように「機械に人の仕事が奪われる」という話題が上がる。もちろん実際に奪われていく。しかし、そんなに悲観しなくてもいい。機械がどれだけ人間の仕事を奪っても、人間は結局、新たな需要を作り出し「労働をしてしまう」生き物なのだ。ただ、必要とされる労働の性質は変わっていく。いわゆる誰でもできる「労働」と、機械では代えが利かない「仕事」とがハッキリと分かれていく。そしてこの両者が手にできるお金の差は年々、残酷なまでに広がっていくことになるだろう。

仕事はゲームにできる

よく「仕事をしていてつらい時や苦しい時にどういう方法でモチベーションを保つんですか?」という質問を受ける。でも、僕にはその感覚があまりよくわからない。「本当につらければ辞めて別のことをすれば良いんじゃない?」としか答えられない。僕は仕事が楽しい。もちろんしんどい時やイライラする時、苦しい時も沢山あるが、それらも全部ひっくるめて「楽しい」。学生時代に部活をやっていた時の感覚に一番近いかもしれない。

少し目を瞑《つむ》ってこんな世界を想像してみてほしい。この世界は「全員がバスケットボールをやらなければいけない世界」だったとする。その世界では、バスケットボールをプレイすることが全員に課せられた「仕事」だ。

もちろん全員がプロのバスケットボールの選手なので、バスケがうまい人、強いチームに所属している人は地位も名声もお金も手に入れられる。

でも残念ながら、あなたはバスケが好きじゃない。「俺、仕事だから、嫌々バスケやってんだよね。でも生活していく為にはしょうがないよね」という感じで毎日を暮らしている。お金の為に、しょうがなくバスケを毎日やっているから、朝起きると「今日も練習行くか、ダルいな」「あー夕方5時までバスケやんなきゃ」「プライベートと仕事は切り替えたいから、夜はバスケしません」、そんな感じで毎日が過ぎていく。

逆に、その世界には、バスケが大好きな人たちももちろんいる。お金の為とか関係なく、そもそもバスケをやるのが好きだから、朝からバスケの練習をして、夜もバスケのビデオを見て研究したりしている。好きでやっている連中は、練習が終わったあともご飯を食べながら話題はバスケのことばかり。バスケのビデオを見ながら、「あの時の作戦こうしようぜ！」「もっとこういう練習をしようぜ！」なんて時間を忘れて盛り上がって話している。

この両者が試合をしたら、どちらが勝つだろうか？　どう考えても、バスケが好きで楽しんでやっているチームが勝つのは明白だ。

仮にあなたが体格にも恵まれて運動神経が抜群だったとしても、好きで没頭している人たちに勝てることはないだろう。仕事だから嫌々バスケをやっていて、「生活の為にバスケやんなきゃ」と言っている人たちのチームは、仕事が終わってからバスケの話なんかしない。むしろ「おい、仕事終わってまでバスケの話をするなよ」などと言われる。それでは負けるに決まっている。

でもこれ、実は現実の世界でも同じなのだ。ＯＷＮＤＡＹＳで言えば、世の中に数多《あまた》あるメガネ店の中で、どれだけ沢山の人たちにＯＷＮＤＡＹＳのメガネをかけてもらえるか、というゲームで競っているようなものだと思えばわかりやすい。一番多くの人に自分たちのメガネをかけてもらったチームが勝ちなのだ。その為には沢山の人に満足してもらい、喜んでもらう必要がある。もちろん、そのゲームにハマって楽しんで、没頭しているチームは、圧倒的に勝つ確率が上がる。

楽しければ、業務時間が終わってもなんとなくメガネのことやお客様のことを考えるだろう。家に帰ってお風呂に入っている時であっても「あ、あのアイデア使えるな」「こんなメガネ作ったら喜ばれるかな？」と気づくこともあるだろう。そんな感じで自然に、いつも仕事のことを考えている。だって楽しいから。

僕はそんな考え方で仕事を捉えているので、そういう「メガネを人にかけてもらって喜ばせることが楽しくて、仕事が遊びになっている人」をＯＷＮＤＡＹＳの中に沢山増やすにはどうすれば良いかをいつも考えている。それがこの「メガネ業界」というゲームにおける必勝法だからだ。

「仕事はゲームだ」と言ったところで「ゲームみたいに楽しむのは無理だよ」と言いたい人も多いだろう。確かにスポーツ選手やミュージシャン、芸能関係や本の編集、アニメの制作みたいな仕事であれば「仕事が好き」と自然に思えて取り組みやすいかもしれない。仕事自体にエンターテインメントの要素が強ければ「好き」が仕事になりやすい下地がもともとある。

一方で、学生の頃からメガネの販売が夢で「是非やってみたい」と思ってＯＷＮＤＡＹＳに入ってきてくれるような人は残念ながらあまりいない。それでも僕は、仕事を楽しくする方法はあると思っている。

よく「ゲーミフィケーション」と言われるが、仕事をゲーム化する為の仕組みや制度、環境を作れば、どんな仕事も工夫次第でゲームのように楽しめるはずだと思っている。

仕事をゲームに変える5つの要素

では、具体的に僕が、どんな方法でＯＷＮＤＡＹＳの仕事をゲーム化して、みんなで楽しめるようにしたか、少しだけお話ししよう。

まず、仕事をゲームにする為には、５つの要素が必要だ。それは「成長」「育成」「バトル」「収集」「交換」。この５つの要素があると、どんな仕事もゲームのように楽しむことができる。大ヒットしたゲーム『ドラゴンクエスト』にも、成長、育成、バトル、収集、交換を感じさせる要素が入っていると思うが、まさに、その５つの要素を、現実の仕事の中にもうまく組み込むわけだ。

１つ目の要素「成長」

成長は自分が店長になるとか、エリアマネージャーになるとか、給料が上がるとか、役職が変わり責任や仕事の範囲が大きくなるといったことで感じられる。

この時大事なのが、成長した時にレベルが上がったことを実感できるようにすることだ。ドラクエでレベルが上がった時に「タラララッタラー」と効果音が鳴るが、そういった「音」が大切なのだ。実際に音を鳴らすのは非現実的なので、音のような効果をもたらす為に、ＯＷＮＤＡＹＳでは、役職が上がるとユニフォームにつけるバッジの色が変わる。店長はシルバー、大型店の店長はゴールド、スーパーバイザーはクリスタル、エリアマネージャーはブラックといった感じに。

メガネの販売に関しても、３級、２級、１級、特級と社内に独自の資格制度を作った。試験に受かって級が上がると、賞状がもらえて、ネックストラップにつくバッジの色が銀や金に変わる。こんな感じで、空手の帯の色みたいに、形のあるものを渡すことがとても大切なのだ。賞状やトロフィーも良い。もらうと飾ることができる。大人になるとなかなかこういう、自分の成長を実感させてもらえるような機会がないので、こうして目に見えるような「成長の証」を手に入れられることで、より成長が実感でき、さらに上のレベルを目指したくなってくる。

「ＯＷＮＤＡＹＳ ｂｙ ＯＷＮＤＡＹＳ」という、いわゆる社長賞もある。年に１回、世界に一人だけがもらえる賞で、受賞者にはみんなの前で、ダイヤモンド入りのチャンピオンリングが贈られる。

こんな感じで自分の成長を確認できたり、周りに示すことができたりする「アイテム」が、成長を演出する要素としてとても大切なのだ。

２つ目の要素「育成」

育成はそのまま、主に部下や後輩の育成を指す。新しく入ってきたスタッフに、自分が苦労して手に入れた技術や知識を教えてあげる。ＯＷＮＤＡＹＳでは、レンズの削り方やメガネを美しく作成する方法、最適な見え方を導き出す視力測定といった専門知識を、最初は右も左もわからなかった自分が後輩に手ほどきをする。それにより後輩や部下がプロのメガネ技術者となり、お客様に感謝され喜んでいる姿を見た時、教えた側も自分ごとのように喜び、感動を一緒に味わうことができる。

もしくは後輩や部下が自分が経験したことと同じような壁にぶち当たり、伸び悩んでいる時に、自身の体験をもとにサポートして導いてあげる。そのことによって、後輩や部下が壁を乗り越えることができた時もまた、共に喜べる。

「教育は専門の担当者に任せておけ」と割り切らず、みんなで共に学び、教え合うことを自分たちの大事な文化としてそれぞれの仕事の一つに加える。

そんな風に「育てること」を味わえる環境を整えると、自分だけでなく、後輩が成長した証も手に入れられ、共にその喜びを分かち合うことができる。人はみんな、育てることが大好きなのだ。

3つ目の要素「バトル」

ゲーム化する為の５つの要素の中で一番盛り上がるのは「バトル」だ。**みんな戦いや勝負事には我を忘れて熱くなることができる。**ＯＷＮＤＡＹＳでは全ての管理職は社員同士による選挙で決められる。これはまさに「バトル」だ。管理職になる為には、社員同士で競い合い選挙活動を通じて他の候補者よりも多くの票を集めて得票数で勝たなければいけないのだ。

「誰が店長になるか」「誰がスーパーバイザーになるか」「誰がエリアマネージャーになるか」を選挙で決める。リーダーになりたい人は立候補して選挙演説をして、最後はみんなの投票で決めている。管理職の座を競って切磋《せっさ》琢磨《たくま》し凌ぎを削る様はまさにバトルだ。

「バトル」という点で言えば、競合他社との競争もまさにバトルだ。社内の会議では、同業のライバル社のことにもよく言及する。競合のことをあまり言わない会社もあるが、僕はあえて言及し、強く意識させる。同じ商業施設に同業他社が入っていれば、日々売上を比べて「今日は勝った」「今日は負けた」というように毎日、意識してもらう。そうすると、対抗心を煽られる。ライバルがいて目に見える勝ち負けを意識するバトルがあると、ゲームはやはり面白い。

　でもこれは絶対に健全にやらなければいけないので、真似する場合にはご注意を。同業他社を悪く言ったり、貶めたりしてまで勝とうとしては絶対にいけない。それは前述のバスケの例で言えば反則をして勝つようなもの。スポーツマンシップに則って、切磋琢磨できる良きライバルたちと紳士的に正々堂々と勝負をして勝利してこそ、初めて真の喜びや感動が生まれるのである。

「成長」「育成」「バトル」、これらはどんな仕事でも体感できる要素なので、比較的、簡単に演出することができると思う。難しいのは残りの２つ。「収集」と「交換」だ。

そこで僕は、「ＳＴＡＰＡ」という独自のアプリを作りオリジナルの「仮想通貨」を社内で発行することにした。

４つ目の要素「収集」

まずは収集。これは無遅刻・無欠勤だったり、売上予算を達成したり、世界中のＯＷＮＤＡＹＳのお店を訪れてチェックインしたりと、ＯＷＮＤＡＹＳに関する様々なイベントを通じて、仮想通貨である「ＯＷＮＤＡＹＳマイル」を獲得することができ、自分のウォレットに貯めることができるようにした。『ポケモンＧＯ』と航空会社のマイル獲得の仕組みをミックスしたようなものだと思ってもらうと、

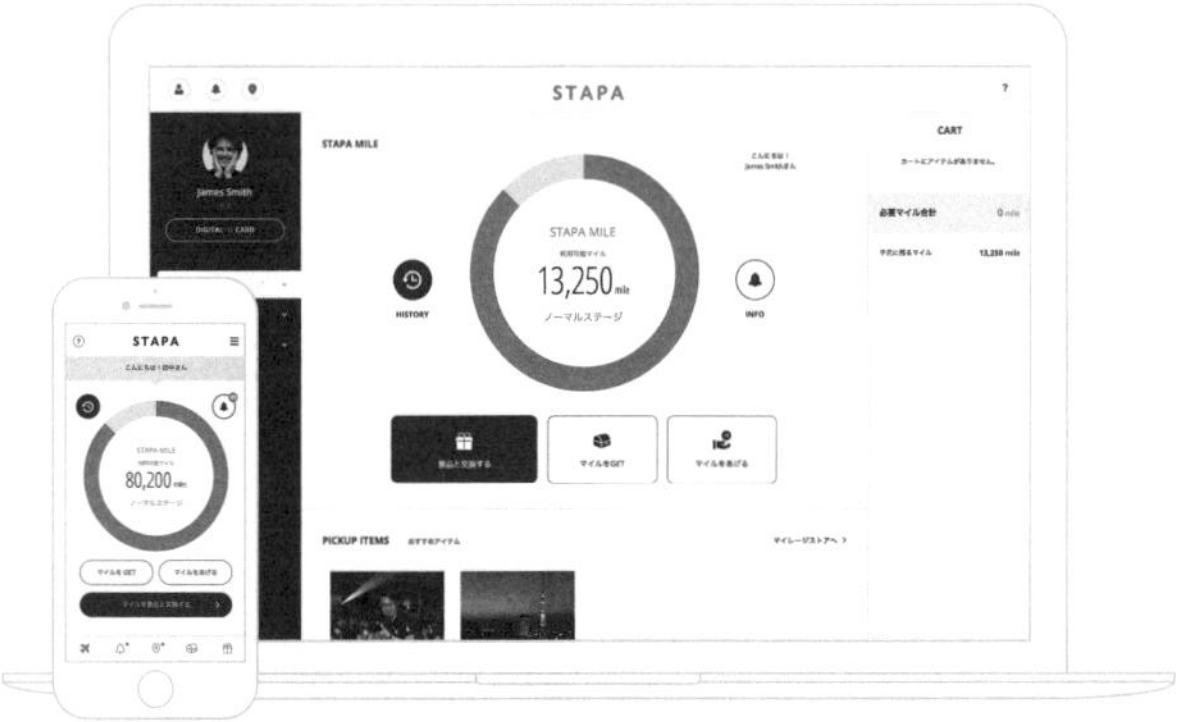

STAPA（スタパ）
社内仮想通貨を使った
新しい福利厚生サービス
https://stapa.club/

わかりやすいかもしれない。

5つ目の要素「交換」

貯まったマイルは様々なものと交換することができる。アプリ内で簡単にiPhoneやダイソンの掃除機などの家電製品や、ディズニーランドのチケットや屋形船にスカイダイビング、海外旅行など数百種類以上の魅力的な景品と交換できるのだ。

中には「社長と行く豪華ディナー」なんていうのもある。僕が予約の取りづらい全国の有名料理店に連れて行き、一緒に高級なディナーを堪能するというものだ。他にもＯＷＮＤＡＹＳが応援しているオリエンタルラジオの中田敦彦さんのYouTubeチャンネルの収録に参加できるとか、発展途上国を訪れて貧しい子どもたちにメガネをプレゼントするアイキャンプの活動に参加できるといった、お金では買えないＯＷＮＤＡＹＳならではのスペシャルな体験なんかもあり、みんな楽しんで参加している。さらには「休暇」にも換えられる。規程の有休・公休以外の「追加の休日」にも交換することができるのだ。

さらにそのマイルは、社内の人たちと自由にアプリ上で贈り合うことが可能だ。たとえば「急なシフトを替わってくれてありがとう」とか「誕生日おめでとう」「店長昇格おめでとう」といったぐあいに日頃の感謝の気持ちをメッセージと共にマイルで贈り合うことができる。

これで「収集」と「交換」が完成したことで、OWNDAYSの仕事のゲーム化はさらに進んだ。ちなみにこのアプリには、店舗ごとに売上を競い合う「バトル」

貯めたマイルを賭けて店舗同士で売上を競い合う「バトル機能」

の機能もついている。全国の店舗に挑戦状を叩きつけ、バトルの日程と賭けるマイル数を指定して双方が了解したらバトルの開始だ。勝ったチームは負けたチームのマイルを奪うことができるのだ。

「神聖な仕事でそんな賭け事をしてけしからん！」なんて頭の固いおじさんたちのお叱りの言葉が聞こえてきそうだが、別にいいじゃないか。人生の大部分の時間を費やす仕事なんだから、楽しく遊んで何が悪い。お客様だって、売上に追われて必死な形相でセールスされるよりも、楽しく笑顔に溢れたお店で買い物をした方が気持ちがいいに決まっている。「お客様を喜ばせた方が勝ち」というゲームをして、楽しんで、お金も手に入れて、勉強もして、成長もできる。これからの仕事はみんなが楽しくできるようにしなくてはダメなのだ。

楽しんだ奴が一人勝ちできる

「労働」と「仕事」の違いはなんとなくわかった。でもそうはいってもそんなの理想論で、生活の為にお金は稼がなくちゃいけないし、そんな簡単に転職もできない。

そもそも自分が没頭できるようなことなんて何もないという人たちも多いだろう。

それならば、つまらない今の「労働」を、楽しい「ゲーム」に変えてしまえばいいじゃないかと、僕はいつも考えている。

テクノロジーを取り入れれば、世の中の多くの労働はゲームにできると思う。世の中を見渡せば大人も子どももみんな時間を忘れてゲームにハマっている。日本人だけでもゲーム会社に支払っているお金は年間１兆６０００億円にものぼるらしい。その10％でも、現実の仕事をゲームに変えることに使った方が絶対に面白いし社会も豊かになるのになと思う。

UberやAirbnbなんて、まさにタクシーの運転や民宿の経営をお客さんに評価してもらって、評価がいい人にポイントがついて沢山賞金を稼げるゲームに変えて成功したようなものだ。日本にはチップの習慣がないが、こういったポイントがつくような仕組みのゲームにすれば、ビジネスのレベルももっと上がるし、何より「楽しい」だろう。

たとえば、宅配便の配達員。労働として配達をやっている人の中には「早く仕事終わらないかな……」という気持ちでやっている人も多いだろう。でも、配達という労働も「時間内にどれだけ沢山の荷物を届けられるか」というゲームをやっていると考えると、楽しくできるかもしれない。

他の配達員と競い合って、勝った方が給料を沢山もらえるというゲームにしてみたらどうだろう。そう考えたら、なんだか楽しくなりそうな気がしてくる。

仮に僕が宅配便の会社の社長なら、配達員専門のアプリを作って、限られた時間内でなるべく多くの荷物を正確に届けることができた人が勝ちというゲームにしてみる。

リアルタイムで全国の配達員の配達状況が表示されて、自分が今トップと何ポイント差かわかったり。ＧＰＳで配送の状況をウォッチしたりしながら、スピード違反や一方通行を逆走とかしたら減点、もしくは失格とかにすれば交通違反も楽しく防げそうだ。

配達員たちは勝つ為には、配送ルートをいかに効率良く組み立てるか、荷受け人との連絡の取り方なんかも考えて、どんどん効率を上げていく必要が出てくる。沢山配るために「ここは道が混むから避けよう」「あの家は不在が多いからあとにしよう」などと戦略を立てるわけだ。

アプリを立ち上げると、時間ごとに誰がどれくらい配達しているかもわかった方が面白い。「おお！　今全国で18位、トップと何ポイント差だ！」というようなぐあいに。ゲームに夢中になっているうちに階段も沢山上るので、気づけばすごく運動もできている。そのおかげで、痩せることもできるかもしれない。そう考えたらフィットネスの要素だって加えられるかもしれない。アプリ内で走った距離と消費カロリーが表示される。というかそれは既にＮＩＫＥなんかが作ってみんな使っているじゃないか。

しかも「１位になったら賞金１００万円」なんてボーナスがあれば、さらにみんなヒートアップするだろう。

こんな感じのアプリができて、そういう「配達ゲーム」があったら、僕だって休日にやってみたい。

お客さんだって、すごくつらい顔をして荷物を持ってこられるよりも、めちゃくちゃ楽しそうに「お待たせしました！」と言われた方がいい。「頑張ってね！」と言われてお客さんに応援されるかもしれないし、マラソンの給水所みたいに差し入れだってもらえるかもしれない。その方が絶対にみんな笑顔になるし、荷物を頼む側も罪悪感がない。

吉野家のアルバイトも「時間内に〇杯お客さんに牛丼を提供できたら勝ち」とい

うゲームにすればいい。こんな感じで、どんな仕事もほとんどゲームにできるような気がする。

もちろん、人の命を扱う業種、たとえば病院や警察などはゲーム化してはまずいが、そういうところ以外はほとんどエンターテインメントに変えられるような気がする。

労働がどんどんゲーム化していけば、社会は変わると思う。裏を返せば、社会が変わる前に、自分たちが先にゲームとして取り組めたら他のライバルたちに大きく差をつけることができる。

僕はこんな感じで昔から仕事を労働だと思ってやった記憶がほとんどない。毎月、数十冊以上のビジネス書を読むけれど、それもゲームの攻略本を読んでいるような感覚と言った方が正しいかもしれない。「なるほど、経営ってこうやってやると勝てるんだな」と思いながら読んでいる。そういう感じでビジネスをやっているので毎日が楽しいのだ。

ではなぜ、世の中の会社は労働をゲーム化しないのか？　それは単純に変な固定観念が原因なんじゃないかと思う。

「仕事とは人が機械のように労働して富を生み出すもの」という一昔前の価値観が、当たり前の真理のように多くの経営者の頭にこびりついているのだろう。企業で働く多くの人たちも、「お金とは自分が提供している価値との交換ツールに過ぎない」という本質に気づいていない。だから時間と体力を消費し、我慢さえしていれば、確実にお金が手に入れられる構造から抜け出そうとしない。

たまにその矛盾に気づいた若い人が、労働を少しでも面白いものに変えようと試みても、大人たちは自分が我慢して耐えてきた苦しい労働の歴史を否定したくないから「若い奴は仕事の大変さがわかっていない。仕事とはそういうもんだ」とか「仕事は遊びじゃない。真面目にやれ」などと言って、自分たちのしてきた生産性の低い行為を、抽象的な精神論にすり替えて正当化しようとする。部活の先輩が後輩に理不尽な伝統やシゴキを押し付けるのと構図はすごく似ている。

でも楽しく遊ぶこととの何がいけないのだろうか？　むしろ、楽しく遊んだ方が、効率良く仕事ができるはずだ。

日本は資本主義社会だが、社会主義的な考え方も根強くある。新卒の給料が一律の職場の方が多いし、いまだに大企業のほとんどは年功序列を崩そうとしない。「これは仕事なのだからつらくて苦労して当たり前」といった考え方も根強くある。「世の中の為」という言葉で誤魔化されているが、実態としては労働をさせられているに過ぎない。労働だから、つまらないのが当たり前。だから、「やりたい」と思う人も減っていく。そして次に起こるのは「ならば、機械に置き換えよう」という流れだ。

しかし肝心なのは、どんなに面白くなさそうな業界にも、楽しんでいる人が一定数いるということだ。そしてそういう人たちが一人勝ちしているというのが現実だ。

メガネ業界なんか、まさにそうかもしれない。メガネの販売なんて一見地味でつまらなそうな仕事だ。社員たちがダルそうに出勤し、「早く終業時間が来ないかなぁ」なんて思いながら仕事している様子を街のメガネ屋さんで沢山見かける。

そういう意味では昨今の「働き方改革」は、僕らからしたらすごくラッキーだ。残業させない、労働時間を減らすというのは、ライバルがどんどん仕事をしなくなるということ。ただでさえ仕事にハマっていない人たちがさらに時間まで削ろうとしてくれている。こんなにいいことはない。

僕らの会社には時間を削ったとしても、仕事を遊び感覚でやっている人が多いから、勝手にメガネについて研究するし、勉強するし行動を起こしてくれる人が沢山いる。

先日、大阪に呼ばれて講演会に出演した。すると、大阪にいる社員たちが数人、自ら休みを取って、僕の話を聞きに講演会に足を運んでくれていた。せっかくなので終わったあと、そのままみんなでご飯を食べに行ったのだが、その時の話題はもちろん「大阪エリア、どうやって攻めようかね」とか「こうすれば大阪の人たちにもっとＯＷＮＤＡＹＳを知ってもらえるよねー」みたいなことばかり。気づけば「大阪攻略の為の作戦会議」が始まっていた。

仕事のミーティングと言うよりも、ゲームの作戦会議。これは「仕事」なんかじゃない。ましてや休日出勤でもない。ただみんな面白いからやっているだけだ。

仕事のやり方はいくらでも教えられるが、「やる気」だけは誰にも教えられない。やる気はあくまで自分の中から芽生えてくるものなのだ。

だから僕は、社員のやる気を引き出す為に、こんこんと「労働の尊さ」をお説教することなんてしない。そんな話、僕自身もつまらないからしたくない。どんな仕組みや考え方、ルールを作れば楽しく仕事で遊べるか、沢山の人に喜んでもらえるかを一緒に考えることに時間を使った方がみんな楽しいし、楽しければ、自然とやる気は漲《みなぎ》ってくる。

世の中の多くの人が「仕事がつまらない」と嘆いている。でもこの場合、仕事がつまらないのではなくて、自らつまらないように仕事を捉えているだけだと思う。楽しむことを放棄して自ら「労働」にしてしまっているだけなのだ。

まずはマインドセットを変えてみよう。その次に楽しめる仕組みをみんなで作る。毎日がゲームになるようにしよう。そうしたら仕事が楽しくなるし、何より結果だって出てくるのだ。

メガネを作る技術を競う世界大会を開催

実際にＯＷＮＤＡＹＳでは毎年、メガネの加工技術を競う世界大会を開催している。制限時間内に誰が一番速く美しく正確にメガネを作れるかを競うのだ。世界各地で予選が行われ、決勝戦は新木場のクラブ、ageHaを借り切って盛大に行われる。

優勝者には賞金100万円と海外旅行が贈呈される。まさに「ゲーム」だ。ホントかよ？　と思われた方は、次ページの写真とQRコードから飛べる動画を見てほしい。

どうだろう？　もうここまで来るとゲームと言うより競技と言ってもいいくらいだ。メガネを作るという労働もちゃんと演出すれば、こんなに面白いエンタメにできて、みんなで盛り上がれるのだ。そしてメガネを作る技術も自然に楽しく向上させることができる。

全世界のOWNDAYS店舗で活躍するスタッフが技術力を競い合い、メガネの加工技術力世界NO.1を決定するコンテスト、通称「OWNDAYS I.R.A.C.」。その頂へと登りつめた者には、「OWNDAYS技術力NO.1」の称号とその証である黄金のヤットコ、そして副賞として優勝賞金100万円が贈呈される。

CHAPTER 4

成功論のウソ

成功。

成功とは物事を目的どおりに成し遂げて、

自分の欲するものを手に入れること。

僕は、ずっと成功したかった。

だから、数えきれないほど沢山の本を読み、

成功者と呼ばれている人たちのありがたい言葉を片っ端から聞いてきた。

世の中に溢れる金言や成功へのノウハウ。

そのどれもが、ピカピカに輝く宝の地図に見えた。

でも、ちょっと待てよ……。

本屋に行けばあんなに沢山の成功本が山積みされているのに、

どうしてこんなにも沢山の悩み苦しむ人たちが

まだ存在しているのだろう？

沢山の知識に触れて一つだけわかったことがある。

それは、誰もが成功に辿り着ける宝の地図。

そんなものは、最初からこの世に存在していないという、

悲しい現実だった。

成功はアート、失敗はサイエンス

人の成功体験なんて聞いても無駄だ。同じように成功なんてできやしない。僕はそう思っている。

世の中のビジネス本のほとんどが「成功本」だ。成功する為の方法や人生を良くする為の方法が書いてある。「あの会社の成功の理由」とか「ヒット商品を生み出す秘訣」といったものが所狭しと並べられ、多くの人が参考にして研究している。

なぜあれほど成功にまつわる本が売れるのだろうか？　その答えは簡単だ。なぜならいくら本を読んでも成功などできやしないからだ。

ダイエット本も同じだ。世の中に「成功本」と「ダイエット本」が溢れている理由は、どの本を読んでも痩せられないし、成功もしないからだ。だから、あれほどひっきりなしに出版され続けるわけだ。

社長として会社を大きくする方法論なんて、まさにどれだけ読んでもあまり意味がない。ソフトバンクの孫正義さんの本を読むと、在日韓国人だといじめられて、その悔しさをバネにアメリカに渡り成功したなんていうエピソードが書いてある。これを読んだ読者はこう思う。「そうだよね、やっぱり成功する人って、ハングリーで、人並み外れた苦労をしている。虐げられてきた人ほど、それをバネに成功できるんだよね」と。

一方、楽天の三木谷浩史さんの本を読むと、兵庫県神戸市に育って、親は大学教授で、自分も一橋大学に通って、日本興業銀行に入ってハーバード大学に留学して、その後、会社を立ち上げたと書いてある。読者は「そうだよね、親が大学教授でお金持ちだと環境もいいし、学歴があって、チャンスが溢れていたから成功できたんだよね」と思う。

まるで正反対の環境だ。でも両者とも日本を代表するような大企業を短期間で作り上げている。つまりハングリーでも裕福でも、どちらの道を通っても、なる人はなる。育った環境には関係なく「できる人」は社長になって同じ1兆円規模の会社を作ることができるのだ。

貧乏だろうがお金持ちだろうが、学歴があろうがなかろうが、醜男《ぶおとこ》だろうがイケメンだろうが、やる奴はやる。やらない奴はやらない。成功するパターンなんて千差万別。誰でも使える必勝法なんて存在しない。

成功に必要な要素は時代によってもすごく変わる。昔は、ダイエーの中内功さんや、田中角栄元総理大臣のような豪腕な人が多かった。でも今、彼らと同じように振る舞うと、パワハラだのワンマンだのと叩かれてしまうかもしれないし、今の若い人はついていかないかもしれない。

その人の持つ雰囲気やキャラクターもあるだろう。僕が三木谷さんの言動や立ち居振る舞いを真似て、同じような経営の仕方をＯＷＮＤＡＹＳに持ち込んだとしたら、多分、みんなから総スカンを喰《く》らうと思う。

つまり何が言いたいかというと、いくら成功の為の方法論を語られても、その成功の土台にある、それぞれの前提条件がまるっきり違うから、自分にそのまま当てはめられることなんてほとんどないということだ。

僕も成功者と呼ばれている人たちの本を読むのは大好きだ。でも具体的に参考になることはあまりない。勇気を出す為に、自分を奮い立たせる為に読むのはいいと思うが、成功の手段や方法そのものは、他人の本を読んでも何も再現できないのだ。

成功体験の共有にはあまり効果がない。

ＯＷＮＤＡＹＳでは、スタッフの接客研修で、成功体験の共有にはほとんど力を入れていない。売れる販売員の接客は再現性に乏しいからだ。

たとえば３人の販売員がいたとする。「売れる接客のやり方」は三者三様だ。お客さんによってもその人のキャラクターによっても違ってくる。

若くてかわいい女性の販売員が、おじさんのお客さんに対して、ちょっと距離を詰めて「……うーん、それはちょっと似合わないかもしれないです。こっちの方がかっこいいですよ。うん、いいですね！」と言って売れたとする。そこから導き出される法則は「距離を近づけて、パーソナルスペースに入り込み、その人がかけているメガネを否定した上で、その人に似合いそうな別のものを提案すると売れる」ということになる。

でも、それをおじさんの販売員が学んで、若い女性のお客さんに、まったく同じように実践したらどうなるだろうか？　おじさん店員が近づいてきて「それよりこっちの方がいいよ」などと言ったら気持ち悪がられてしまいかねない。

でも、両者はまったく同じ接客をやっている。まったく同じ距離で同じ会話をしても、販売員の個性とお客さんのタイプの組み合わせによって、導き出される結果はまるで変わってしまうのだ。

成功法は、前提条件によってまるっきり変わる。だから「こういう風にやったら売れました」という事例をいくら真似ても無駄が多い。自分が販売員として一流になる為には、**自分のキャラクターに合った自分なりのベストな接客スタイル、販売方法を自分自身で見つけていくしかないのだ。**

もちろん、人から学ぶことにまったく意味がないわけではない。いろんな人のやり方を学んでやってみて「これは向いてないな」と試行錯誤することはとても大切だ。その中で「この人のこのパターンと、この人のこのパターンをミックスし、これが自分のキャラクターには一番あっているな」と自分なりの成功パターンを見つけていくことが大切なのであって、闇雲に誰かが成功したパターンを学習すれば良いということではない。

学ぶべきは「失敗するパターン」

成功を学ぶことよりも大切なことは「失敗を管理」することだ。プロ野球監督・

野村克也の「勝ちに不思議の勝ちあり、負けに不思議の負けなし」という名言がある。野球の試合では、たまたま勝つことがある。相手のミスが重なることで勝ちを拾ったラッキーな試合というのは確かに存在する。しかし負ける時には、必ず何かしらの理由がある。負けに「なぜか負ける」ということはないという考え方だ。

試合は、負けなければ勝てる。当たり前だ。**大切なのは、勝ち方を考える前に、負けそうな要素を片っ端から潰していくようにすることだ。**ビジネスの世界では、この考え方こそ成功に近づく為の誰にでもあてはまる唯一の方法なのだ。

話をわかりやすくするために、もう一度、ＯＷＮＤＡＹＳの販売現場のミクロな場面でたとえてみよう。

「売れる接客に共通点はあまりない」というのは既に説明した。しかし「クレーム」に関しては、ほとんどが同じ原因で引き起こされるものばかりだ。

販売員が若い女性だろうが、おじさんだろうが、新人だろうがベテランだろうが、クレームは全て原因のパターンが決まっている。「約束した時間にメガネを受け取れなかった」「事前に言われていたのと違う値段を会計の時に提示された」「レンズが左右逆に入っていて度が合わない」「普通に使っていただけなのにすぐレンズが外れた」といったぐあいに。だからこれらのクレームに繋がるミスが発生するパターンを研究して、同じミスを起こさないように仕組みを作るなり、重点的に教育するなりしておきさえすれば、理論的には全てのクレームを発生させないようにすることができる。

僕の企業経営の根底にあるのは「失敗しない」ということだ。その為にクレームを出さない仕組みをきちんと作る。そこを徹底している。レンズを入れ間違えるというのは、メガネ屋での典型的な失敗パターン。その対策として、レンズの加工機の左側に点を打って間違えないようにするとか。

フランチャイズの加盟店を選ぶ時も「こういう加盟店は、絶対にやめた方がいい」という判断基準がある。他のフランチャイズを展開している社長と話していても、失敗するパターンはだいたい同じような傾向がある。

会社を伸ばす社長のパターンは千差万別だが、会社を潰す社長のパターンはみんな一緒だ。

会社を潰す人の多くは不真面目だ。たとえば、会社のお金と自分のお金を混同している。会社のお金で自分の為に高級車を買ったり、ブランド品を買ったり、ゴルフに行ったり、親族の家を買ったりする。そういうのは個人的なことだから、本来は会社から正当に得た自分個人のお金の中でやらなければいけないことだ。
それなのに節税対策の名のもとに会社のお金を使ってしまう。そういう人は失敗する確率が一気に高くなる。会社のお金で飲みに行ったり、自分の家や車を買ったりしている人は沢山いる。自分の親族を会社に入れて高い給料を払うとか、自分の愛人を会社に入れて給料を払うとか、潰れる会社の社長は、そういった、社員や株主、銀行などに堂々と言えないことをやっている場合がとても多い。それをやらなければ必ず会社がうまくいくとは限らないけれど、それをやれば社員に見捨てられて失敗する確率は急上昇する。

ビジネスに限らず、恋愛でも一緒だ。モテない男、嫌われる男には共通点がある。それを取り除けば、少なくとも嫌われはしない。惚れられるかどうかはわからないけれど、少なくとも嫌われることはない。

嫌われる男の共通点は決まっている。清潔感がない、体臭がする、フケが出ている、口が臭い、自分の話ばかりする、相手の話をすぐ否定する……。女性とご飯を食べる時に、口や体が臭くないからといって、それだけで惚れられることはないけれど、口や体が臭かったら嫌われる確率は相当高くなる。

だから女性とご飯に行く時は、とりあえず歯を磨いて口臭予防のタブレットを口に含み、ワキガや汗臭さがないかを徹底的に気にしてから出かけていくべきだ。

相手の話を否定ばかりする人はさらに嫌われる。二言目には「いやそれは違う」などと言うタイプ。女性が「どこどこのレストランおいしかったよ」という話をしても「いや、あそこなんかより、もっとおいしいところあるよ」などと言ってしまう。自分ではお得な情報を教えてあげたつもりなのか、博識なのをアピールしているつもりなのかもしれないが、相手を否定してから話す人は基本、万人に嫌われる。

自分の自慢話ばかりする人も嫌われる。

自慢をしない、否定しない、臭くない……だからといって、女性に好かれるわけではないが、嫌われることはなくなる。少なくとも嫌われるポイントさえ取り除いておけば、好かれる可能性に辿り着ける確率は格段に上がるのだ。

野球でもサッカーでも、点を取られなければ負けはしない。ビジネスも赤字にさえならなければ潰れることはない。

だから一番多くの時間を割いて学ばなければいけないのは、とにかく「他人が起こした失敗」なのだ。沢山の失敗事例を勉強して、同じ轍《てつ》を踏まないように気をつける。負けない体制を作れば、何回でも打席に立つ機会は回ってくる。打席に立つ回数が増えればいつかは絶対にヒットが出せる。でもほとんどの人はヒットばかり打とうとして、その間に凡ミスを繰り返して点を取られて試合に負けてしまうのだ。大切なのは、勝ちパターンを再現しようとすることではなく、負けパターンを徹底的に見つけ出して、同じ轍を踏まないようにすることだ。

まさに成功はアート、失敗はサイエンスなのだ。

僕が所謂サクセスストーリー・成功本を読む理由は、単に気分を盛り上げる物語として読んでいるだけだ。孫正義やスティーブ・ジョブズの本を読む。それは、会社経営の参考にするというよりは、どちらかと言うとエナジードリンクを飲むのと同じ感覚かもしれない。もっと言えば、『スター・ウォーズ』を見るのと一緒。暇潰しであり、娯楽だ。自分の経営に実際に役立てようとはほとんど思っていない。僕自身の人生における勝ち方、企業の成長の手法は自分自身で失敗を慎重に管理しつつ、挑戦を繰り返して見つけていくしかないのだ。

ちなみに僕が一番好きな読み物は、帝国データバンクの「倒産情報」だ。これをいつも研究して勉強するようにしている。そして、自分の会社に、ここに並ぶ企業と同じような傾向が出ていないかどうかを、すごく気にしてチェックしている。
みんな、勝ち方ばかり研究するから勝てないのだ。勝つ為には負け戦を研究しないといけない。孔子も諸葛亮孔明もユリウス・カエサルもアメリカ軍も、強い軍隊は負けた戦を研究している。みんな勝った方ばかり研究して再現しようとするから負けるのだ。

チャレンジできるようになりたければ毎日違うドリンクを飲め

誰もがみんな、自分の人生をもっと良い方向に変えていきたいと心のどこかで思っている。その為にはチャレンジをしなければいけないこともわかっている。ただ一歩を踏み出す勇気がなくて、つい思い留まってしまう。あなたもそんな経験をしたことがあるのではないだろうか？

世の中に溢れる無数の成功本やビジネス本の類は、長々といろんな考え方や実例を挙げてはいるが、結局「行動しろ」の一言、「行動した奴が勝つ」と言っているだけだ。それ以上でもそれ以下でもない。行動すれば人生のほとんどのことは思いどおりにいくのだ。確かに、この考え方は正しい。

「たったそれだけか?」と思うかもしれないが「たったそれだけ」なのだ。

今まで僕が見てきた、自分の人生を思うようにコントロールすることができず、成功できないと嘆いている人は、みな「行動していない」だけだった。

高校もろくに行かず、ごく普通の埼玉の片隅の団地街で、ごく普通に育った僕が、今こうして、社長になって本を出して、テレビドラマのモデルにまでなれたのも、考えているだけじゃなくて「行動したから」という一言で全部説明できる。本当に、ただそれだけなのだ。

「そんなのわかっているよ。でもその行動が起こせないから困っているんじゃないか! もう少し具体的なアドバイスをしてくれよ!」と思った人も多いと思うので、具体的に行動を起こせるようになる方法を一つアドバイスする。

これさえできれば、誰でももっと簡単に行動を起こせるようになると思うので是非、実践してみてほしい。賢明な読者のあなたなら、必ず生活に変化が出てくるはずだ。

行動を起こせる人になる為には、毎日違うドリンクを飲めばいい。

たったそれだけだ。毎日のように、コンビニや自販機でみんな飲み物を買っている。その時に一つだけ気をつけるようにするのだ。それは二度と同じ飲み物を飲まないようにすること。ただそれだけだ。

毎回、違う飲み物を飲む。そんな生活を続けていれば、人生で沢山の行動を起こし、チャレンジできるようになる。是非、やってみてほしい。でも１ヶ月や２ヶ月の話じゃない。３６５日、１日５本飲むなら１８２５種類の飲み物を飲むようにする。お茶なら、『お～いお茶』『伊右衛門』『爽健美茶』など、毎回種類を変える。心配しなくても大丈夫。今の日本では、飲料メーカーもスタバも毎日、あなたが飲み物を変え続けても追いつかないくらい新商品を発売しているから、飲み尽くしてしまう日なんて永遠にやってこない。

なぜ、違うドリンクを買うことが人生を変えることに繋がるのか？

人は自分では自覚せずとも、全て、規則性を持った行動を取るように無意識のうちに選択している。全て「パターン化」しているのだ。寝る時間も同じ。自分では「寝る時間バラバラなんだよね」と言っていても、記録を取ると、意外と同じ時間に寝て、同じ時間に起きている。

食事や睡眠だけじゃなく、人生のあらゆることが、自分の中で無意識のうちに「パターン化」されている。

通勤や通学の途中で、毎日同じ場所にあるコンビニに行き、同じ棚の同じドリンクを同じ時間に買う。靴だったら右足から履く。家に帰ったら服を脱ぎ、テレビをつけてから、冷蔵庫を開けて、同じビールを同じ側の手で開け、同じ間隔で飲む。電車なら乗る車両の位置、通る改札は右から3番目、歩く道順、使う階段、全部規則的に同じ行動を繰り返し、実はみんな無意識のうちにロボットみたいな生活をしているのだ。

さらにそのルーティーンは年齢を重ねるたびに増え続けていく。老人になったらもう、日常をビデオに収めても何月何日のいつの行動かまったく区別がつかないほど「全てが規則的な毎日」を送るようになる。そういうロボットのように規則的な生活を送っている人が、いざ「転職しよう」「独立しよう」と思って行動を起こそうとしても、なかなか動けないのなんて当たり前だ。

いわゆる「リスクを取る」「チャレンジする」という行為は言い換えれば「今までと違う行動を取り、せっかく作り上げた自分の規則性を壊さなければいけない」ということになるから、心理的にすごく抵抗を感じるのだ。

そう考えると「行動」して新しいことを始められないのにも納得がいく。これまでずっと「パターン化」した生活を送り続けているから、パターンにないことをやるのに抵抗が出てくるのだ。

たとえば転職。転職をしたら、仕事が変わるだけじゃない。通勤に使う道も変われば、朝起きる時間や寝る時間も変わるかもしれない。いつものコンビニにも行けなくなる。違う電車にも乗らなければいけない。

人間の本能は原始時代の生活を引きずっている。数万年にわたって自然と共に生きてきた人類にとって、見たことのない道を歩くことは獣に襲われるリスクが高くなる。食べたことのない食べ物を口にすれば毒で死んでしまうかもしれない。人間の本能はリスクを避け、安全に寿命を全うし、子孫を残すという目的しか持っていない。経済的な成功は、生きる上で必要なこととして人間の本能には刻まれていないから、今普通に生きられているのなら、わざわざ未経験のことをして、生存のリスクを冒すことに本能的な恐怖を感じて避けようとするのだ。

だから僕はまず毎日違う飲み物を選ぶことから始めるようオススメする。知らないうちに自分の生活に刻まれた無数の規則を破壊して、今までと違う日常になることを受け入れて、挑戦やリスクの高いことをする。その為に、心理的なハードルを下げるには、これが一番手っ取り早くて簡単な方法だ。

コンビニやスタバに並んでいる時点で、破壊的にまずいものや体を壊すものなんてない。だから、どれを選んでも大丈夫なはず。それでも、毎日毎日違うものを飲むのは、一見簡単なようでも、いざやろうとしてみると、ものすごい抵抗がある。選ぶのが面倒臭ければ、目を瞑って取ったっていい。手に取ったものが飲みたくないものだったり、おいしくなかったりすることもあるかもしれない。

でも、考えてもみてほしい。たかが「少しまずいものを飲むかもしれない」、そんな程度のリスクすら取れない人間が、転職して、今の生活を失うかもしれないリスクなんて取れるわけがないだろう。

まずは「飲み物を変える」、そんな小さなリスクを取るところから始めればいいのだ。飲み物を変えられるようになったら、同じ要領でどんどん変化をつけられるように気をつけていけば、さらに行動力を身につけるスピードは速くなる。

二度と同じコンビニに行かないとか、家と会社の往復で毎日違う道を通るとかもいい。靴の履き方、風呂で体を洗う順序、読む雑誌、乗る電車の車両に座る位置。毎日のルーティーンを片っ端から崩すように努力してみる。お弁当も毎日違うものを食べる。外食する時も二度と同じレストランには行かない。

これを毎日続けていくと、自然にリスクを取ることに慣れてくる。日常が変化することに慣れるのだ。「まずいものを食べさせられるかもしれない」というリスクを取ることで、今まで味わったことのないおいしい料理に出会って最高のサービスを受けられるというリターンも狙えるのだ。毎日違うスタバに行けば、すごくかわいい子と隣り合わせて、運命の恋に落ちることだってあるかもしれない。リスクを取ると、予想すらしていなかったような大きなリターンだって手に入れられるかもしれないのだ。

人間は歳をとればとるほど変化を嫌うようになる。だから意図的に違うことをして、毎日の生活に無理にでも変化を起こさないと、どんどん新しいことができなくなってしまう。年齢を重ねると筋肉も固まるが、それ以上に心が固まってしまうのだ。

歳をとると、年に一度の旅行ですらも同じような場所にばかり行くようになる。気づけば、熱海に毎年行き「やっぱりここに来ると落ち着くわ」と言っている中高年を沢山見かけるが、裏を返せば初めての場所に行くのが怖いから知っている場所に来て安心しているだけなのかもしれない。

せっかくの旅行なのに既に知っている場所に行ってどうするんだと、僕は思う。せっかく一度きりの人生で、世界中に行けるパスポートを持っていて、行ける回数だって限られている。僕は、少しでも多くの場所に行って、いろんな景色を見て、いろんな人に出会って、いろんなものを食べたい。ほんの数十年前、祖父の時代まで人間は過去何千年も、山や海の向こうの景色を一目見たくて戦ってきて、ようやくその念願だった自由を手に入れたのに、なぜ、わざわざ僕たちは、同じ場所で同じ生活を繰り返して一生を終えなければいけないのだろうか。

同じ毎日を繰り返してしまうのは、その生活が安心だからだ。その気持ちはわかる。でもそれは自分の意思ではなく人間の本能でしかない。でもそれを繰り返していくと、人生の大事なタイミングでも、新しいことができなくなる。変化できずに、取るに足りないリスクすらも取れなくなってしまうのだ。

人はみんな、小学生くらいまでは「知らないところに行ってみたい」「新しいことをやってみたい」というマインドを持っている。子どもなんて好奇心の塊だ。新しい経験をしたいという冒険心しかない。幼稚園児を見ていると、みんなボタンがあったら押そうとするし、ドアがあったら開けようとする。「あっちに行きたい、こっちに行きたい」と常に言っている。あなたも記憶があるだろう。初めて自転車に乗れるようになったあの時、まるで世界の果てまでも自分の足だけで進んでいけるような、不思議な高揚感に包まれたあの瞬間を。

でも、大人になるにつれ、気づけば「また熱海でいいや」と言うようになってしまう。人によっては旅行にすら面倒臭くて行こうとしなくなる。

毎日同じ飲み物を飲む。同じものを食べる。ほんの小さなことだけど、一事が万事この調子でどんどん変化できなくなっていく。だから、常に新しい変化を意図的に選ぶべきなのだ。飲み物をクリアしたら「先週はここに行ったから、今週はあそこに行こう」「昨日はこの人と喋ったから、今日はあの人と話そう」というように、どんどん行動を変えていく。すると、新しい世界が広がる。新しいチャンスもやってくる。その変化の先には、自分の想像もしていなかったような世界が必ず待っている。

飲み物や昼メシのリスクすら取れないような人が、人生に関わるリスクなんて取れるはずはないのだ。

自意識過剰が成功の邪魔をする

あなたが新しい「行動」を起こすのを阻んでいる大きな原因が、もう一つある。

特に若い人の場合、変化が怖いという本能より、こちらの方が根が深いかもしれない。

そのもう一つの原因とは**「自意識過剰」**だ。

ほとんどの人は自意識過剰だ。

前述したようにＯＷＮＤＡＹＳでは、「『○○さんがいるからＯＷＮＤＡＹＳに行く』と言われるようになった方が絶対自分自身の為にも良いことだよ」と説き、Ｓ

ＮＳなどで社員個人が自由に自分を発信することを推奨している。

しかし、ＳＮＳでの発信を禁じている会社がほとんどの世の中で、社長自ら個人での発信を推奨して自分の市場価値を上げる環境をこれでもかと用意してみても、多くの社員は自分の名前や顔を晒して発信することに躊躇《ちゅうちょ》して、実際には行動に移そうとしない。

「なんでやらないの？」と問いかけると「そりゃやった方が良いのはわかるんですけど、なんだか恥ずかしいですよ」「炎上しちゃったら怖いじゃないですか」なんて答えが返ってくる。

そんな彼らのような「人から見られる」ということに慣れていない人が世の中には沢山いる。慣れていないどころか、恐れてすらいる人も多い。みんな目に見えない「誰か」からの評価を気にしすぎて、尻込みしてしまい、自分の考えていることを素直に発信できないし、大胆な行動も起こせないでいる。

批判されることを必要以上に恐れるがあまり、他人と違うことができないので、結局みんなと同じような人生を歩むことになる。みんな人の目を気にしすぎなのだ。

そういう人たちは僕から言わせれば、「自意識過剰」なだけだ。

実際はあなたのことなんて誰も見てやしないのに、まるで世界中が自分に注目しているかのような錯覚に陥っているだけでしかない。

まずは試しに、ＳＮＳのアイコンを自分の顔写真に変えて実名にして、好きなように発信してみればいい。「そんなの恥ずかしい」と思う人も多いだろう。

でも大丈夫。動物のアイコンを自分の顔に変え、意味不明のアカウント名を本名に変えてみたところで、あなたの生活にはほとんど何の変化も起きやしない。何度でも言う。あなたのことなんて誰も気にしてなんていないのだ。

今日もＳＮＳを開けば、ほとんどの人が匿名で顔を出さずに発言している。他人の目、世間の目を必要以上に恐れ、気にしている証拠だろう。海外では実名のアカウントも多いので、日本人の国民性の問題もあるのかもしれない。

ただ、その気恥ずかしさは僕にも多少あったので、顔を出さない人の気持ちもなんとなくわかる。

僕も、まったくの赤の他人に自分のことを知られるというのが、少し前までは嫌だった。別に芸能人になりたかったわけではないので、社員や取引先に知られるのは構わないが、見ず知らずの他人にまで自分のことを知られ、街で指をさされるのなんて、なんだか気持ち悪いし生活しづらいと思っていたし、自社のブランドやサービスを知られること以外で、社長個人が露出して有名になるなんて、なんだか自己顕示欲の強い出たがり野郎みたいで格好悪いとすら思っていた。

しかし、いざいろんなメディアに露出してみると、世の中に自分の存在を知ってもらうというのは、自分が想像していた以上に何千倍も難しいことだった。

２年前の僕は「本も出版したし、テレビにも出れば、さすがに街中やレストランなんかで他人から声をかけられるんだろうな」なんて思っていた。でも、実際に、街で声をかけられることなんて一度もなかった。昨年『カンブリア宮殿』に出演したあとに、よく行くスポーツジムで、隣で走っていたおばちゃんに「昨日見たわよ」と言われたくらい。全国ネットの看板番組で１時間にも亘って特集されても、世間の反応なんて、実際はそんな程度だった。

もしかしたら、僕の顔に気づき、知っていても話しかけてこないだけかもしれない。でも、話しかけてこないのなら、それでいいじゃないか。そんなのは知られていないのと同じだ。何も生活は変わらない。自分の普段の生活には何の影響もない。

「自分のことを世間に知ってもらうのは、想像以上にめちゃくちゃ難しい」というのは僕にとって大発見だった。みんな「匿名にしないと誰が見てるかわからないから怖い」などと言うが、そもそもそんなに他人は自分のことなんて見てくれていないし、仮に見てくれていたとしても、覚えてくれてはいないのだ。

他人が、思っているほど自分のことを見てくれていないのは、何もメディアやＳＮＳに限った話ではない。

会社で目立った動きをする時も同じだ。新たな企画を立ち上げようと提案したり、リーダーに立候補したり、会議で自分の意見を発言する時に、いちいち躊躇する人も多くいる。きっとそういう人たちの脳内には「あいつ、調子に乗ってるな」「目立とうとしやがって」「くだらない発言しやがって」といった「誰かの声」が、どこからか聞こえているのだろう。その声に勝手に怯《おび》えて「やめておこう」と陰に隠れてしまう。

でも、実際には誰もそんなことは思っていないのだ。その声のほとんどは幻聴だ。ひょっとしたら周囲の人は本当に心の中でそう思っているかもしれない。でも、もしそう思われていたとしても、それの何が問題なのだろうか？

みんな会社の中でもどこでも、他人の目を気にしすぎている。批判・中傷されることへの恐怖なのかもしれないが、それこそ自意識過剰なのだ。ほとんどの場合、誰も自分のことなんて見ていないし、嫌われるも何も、そもそも知られてさえいなかったというのがオチだったりする。それなのにまだ誰からも何も言われないうちから「どうしよう」と悩んでしまう。

僕も社員から「社長に昔言われたことが、すごく気になっていて……」「社長に嫌われたんじゃないかと思ってて……」と言われたことがある。しかし、そもそも僕はそんなことはとっくに忘れていたし、もっと酷い場合は、その人の名前すら正確に知らないことすらある。社員の数も多いし、次々に新しい人が世界中から入社してくるのだから、顔とニックネームくらいはなんとなく知っていたとしても、名前まで正確に覚えていないことなんて当たり前にある。毎日、何百通ものＬＩＮＥのやりとりをするし、数えきれないほどの注意や意見もしているから、経営や自分の人生にとって致命的でないことなんていちいち細かく覚えてなんていられない。

「自分の発言を覚えていないなんて社長としてどうなんだ?」というお叱りを受けそうだが、社長の話だってその程度のもの。人はそれくらい、会話する時相手のことなんて気にしていないものなのだから、そこまで過剰に気にすることなんてないし、ましてや他人の顔色を窺って自分の意思表示や挑戦を思い留まる必要なんて、これっぽっちもない。

自分にとって、自分は特別だ。それは当然だろう。だから「みんなに見られているんじゃないか？」「こんなこと言って大丈夫かな？」と気になってしまう。それで結局、大切な一歩を踏み出せないでいる。

僕も何かに踏み出せず、躊躇している時は「自意識過剰になっているだけだ」と思うようにしている。

もちろんあまりに鈍感なのも問題だ。批判されてもまったく反省しない、あまりに世間とズレてしまっている人もいる。日本中からものすごく叩かれて周囲に迷惑をかけまくっているのに屁《へ》とも思っていない人もいる。そうなってしまうと、みんな自分から離れていってしまうので、多少は客観的に見る力も必要だろう。

ただあなたはそんな心配なんてしなくて良い。そんな人はごく一握りだ。ほとんどの人はＳＮＳで何か発言しても、称賛され認められるどころか、炎上させることすら難しい。むしろ、日本中から叩かれるくらいに注目されるなら大したものだ。

もし仮に僕が今、わざと世間を炎上させようとして、日韓問題なんかのデリケートな話題に言及しても、大した炎上もしないだろう。僕程度の人間が「竹島なんか韓国にあげちゃえ」などと言ったとしても、ニュースにも何にもならないだろう。わざとそういう過激な発言をしたとしても世論を燃やすことすらできない。世間はそんなに暇じゃないのだ。最近は堀江貴文さんやキングコングの西野亮廣君が過激な発言をしても世間はあまり反応しなくなってきている。みんな慣れてきてしまったのだ。

何万人にもリツイートされて、みんなの耳目を集めるというのはすごく難しいことだ。それなのにみんな、自意識過剰だから、注目されるのを恐れてビクビクして、ＳＮＳすら自由に仕事に活かせずにいる。これだけ便利なＳＮＳが巷《ちまた》に溢れ、誰でも世界に向けて発信できる環境がせっかく整っているというのに、実にもったいない話だ。

他人の目を恐れ、自意識過剰になるということは、同時に自分に秘められた無限大の可能性を潰すことだ。

「目立つと恥ずかしい」「誰かに嫌われるんじゃないか」などといらぬ心配をした挙句に何も行動を起こさなければ、自分の可能性を殺してしまうことになる。自分の可能性をなくしているのは、結局、あなた自身なのだ。

「ミュージシャンになりたい」「YouTuberになりたい」「社長になりたい」「宇宙飛行士になりたい」……なんでも良い。あなたが心からそう思うのなら、全力で目指せばいいだけだ。今の日本では、あなたが、あなたの夢を追いかけるのを止める権利なんて誰も持っていない。

　誰しも小学生くらいまでは、目を輝かせて将来の夢を語っている。それなのにいつしか、みんな夢を口にしなくなって「夢は夢で、現実を見なきゃ」などと言い出す。まるでそれが自分のせいではなくて、親や社会や環境などによって、強制的に夢を見るのを止められたような言い方をする。だけど、本当は誰も邪魔なんてしていないのだ。結局は、自分が失敗した時に浴びせられる周囲からの非難や評判が落ちるのを怖がって失敗することを恐れて「自分にはどうせ無理だ」と言って諦めているだけなのだ。

「これになりたいから、なろう」と思って動き出しさえすれば、０・１％でも叶う可能性は出てくる。

　しかし「自分にはどうせ無理だ」と口にしたその瞬間に、自ら「閉店ガラガラ」と、あなた自身で可能性のシャッターを下ろしているのだ。僕には「１００％無理」という方向に自分から持っていっているようにしか見えない。

毎年、4月の新入社員研修の時に「OWNDAYSの次の社長になりたい人いる？」と聞いても、誰も手を挙げてくれない。それでは絶対になれるわけがない。なろうとしていないのだから当たり前だ。「社長になりたくない」と言っている人に「でも、きみは優秀だから、もし良かったら俺の代わりに社長になってくれないか」なんて僕から絶対に言うわけがない。その時点で、新入社員たちはみんな「社長になる」という未来を手放してしまっているのだ。

みんな「いや、それは当然、なれるものならなりたいですけど、まだ、今はそんなレベルじゃないので自信がないし……」などと言う。それに対して僕は「今、レベルがどうとか、自信があるかないかなんて聞いてないんだよ。なりたいか？　なりたくないか？　を聞いてるんだよ」と言う。それでもみんな頑なに手を挙げようとしない。

「それならマンガみたいに、明日、俺と中身が入れ替われるとしたら、社長になってみたい？」と聞くと「それはなってみたいです」と言う。「じゃあ、目指せばいいじゃん」と言うと「いや、それは……」と、また自らを否定する。そんな感じで、深く意識もせずに自分で自分の可能性を殺してしまっているのだ。

高校球児に「甲子園で優勝したい？」と聞けば「優勝したいです」と言うだろう。過去、甲子園で優勝したチームにたまたま勝ち続け、まぐれで優勝できたチームなんていやしない。「優勝する」と思ったチームが全部優勝できるわけではないが、優勝できると思わないで優勝できたチームもいないのだ。

失敗したって大丈夫。だって誰もあなたのことなんて見てやしないから。だから人の目なんて気にすることはない。あなたはあなたの心の声に従って、正直にやりたいことを、思う存分にやればいい。

「できない」「無理」と決め付けるのは、傷つきたくないだけじゃないのか？

「大企業の社長、野球選手、サッカー選手、ミュージシャン、芸能人などは、昔からクラスで目立っていて、そういう星のもとに生まれた人がなるものなんだ。自分とは生まれつき違う人種なんだ」、そう思い込んでいる人も多い。

でも、そんなのは幻想だ。自分で勝手に「自分には才能がないからしょうがない」と思い込んできただけだ。「僕はこんな星のもとに生まれたので……」と言っておくことで、堂々と努力して挑戦し続けられない自分の弱さから逃げることができるからじゃないのか？

今の時代、この日本では、誰もあなたの可能性を潰そうとなんてしていない。誰もあなたの可能性を取り上げることなんてできないのだ。それに多くの日本人が気づいていない。

もしここが北朝鮮であれば、自分の可能性を政府に奪われてしまうこともあるだろう。世界にはそういう国がまだ沢山ある。アフリカや内戦の続く中東の国々のように、貧しくてそもそも教育をまともに受けられない人が沢山いる国もある。周囲に可能性を潰される前に、人生の可能性自体を最初から与えられていない人たちも世界にはまだ沢山いる。

でも、日本にはインドのカーストのような階級制度もないし、身分差別もない。昔はあったが、今は、身分制度なんて消滅している。今時、日本の会社でそのような理由で差別なんてした日には、それこそ大問題になり、世間はそんな会社の経営者を許さないだろう。

僕は昔から「何にでもなれる」と思っていた。「なれない」「できない」とは思わない子どもだった。

小学生の頃、『光ＧＥＮＪＩ』が人気で毎日テレビに出ていた。その時はローラースケートを履いて、毎日、日が暮れるまで練習して「俺も光ＧＥＮＪＩになる」と本気で思っていた。「光ＧＥＮＪＩみたいになりたい」じゃなくて「光ＧＥＮＪＩのメンバーになれる」と信じていた。

そのあと、マンガの『キャプテン翼』に影響されて、サッカーにのめり込み地元のサッカーチームに入り、僕は「必ず全国大会で優勝する」と決めていた。結果、県大会の決勝まで行った。ただ、決勝で負けてしまった。それがすごく悔しくて、その時に「団体競技はやめる」と思った。

小６の夏にサッカーをやめて今度はボクシングを始めた。「自分さえ強ければ勝てる」という世界に惹《ひ》かれたのだ。その頃は辰吉丈一郎が大ブームになっていた。だから「僕も辰吉みたいな世界チャンピオンになる」と思っていた。親には「何言ってんの？　ボクシングなんてやってないで、ちゃんと学校に行きなさい」と言われたが「いや、俺は世界チャンピオンになるから」と言い返して、家の裏庭に勝手にサンドバッグを吊るして、ジムに通い、学校にも行かず、ひたすらに練習に明け暮れていた。

10代も終わりに差し掛かり、自分にボクシングの才能がないと感じると、今度はミュージシャンになろうと思った。昔から、『ＢＯØＷＹ』が好きでずっとギターをかじっていたから、今度は「ミュージシャンになって武道館を目指す」と言ってバンド活動に没頭した。自主制作でＣＤを出し、ワゴン車で全国を回ってライブ活動に明け暮れる日々を過ごした。

その後、いまいちミュージシャンとして芽が出ず悩んでいた時にＩＴブームが訪れ、20代社長花盛りの時代がやってきた。堀江貴文さんや藤田晋さんたちが20代にして大きな事業を起こし、日本中の話題になり、世の中を変えていくような活躍を見て衝撃を受けた。今度は自分も会社を作って大きくして、同じようになろうと思った。「ミュージシャンになるのはやめだ。俺は20代でレコード会社そのものを買収してやる！」と決意した。

昔から「なりたいと思ったものになれる」と思っていた。光ＧＥＮＪＩにもプロボクサーにも、有名ミュージシャンにもなれなかったけれど、会社の社長にはなんとかなれた。20代の時に想像していた大企業の社長にはまだ程遠いが、それでも多少は人から評価してもらえる程度の社長にはなることができた。「なれる」と思っていたし、「なろう」と思っていた。なる為に努力し続けてきたのだから当然と言えば当然だ。

そしてこの先も、まだまだ成長して次は売上１０００億円を超えるような大企業の社長になろうと思っている。想定よりも少し時間がかかってしまっているだけで、自分がなろうと思って努力している限り、いつかは必ずなれると信じている。

耳の痛いことを言おう。**みんな、全てのことに対して最初から「できない」「無理だ」と決め付けるのは、本当はただ傷つきたくないだけだ。**

「途中まで頑張ったけどできなかったのは、自分の努力が足りなかったせいだ」と自分の不甲斐《ふがい》なさを認めるのが嫌なだけだ。もちろん努力しても夢が叶わなかったら、それはとても悲しいことかもしれない。でも、そもそも目指さなければ、なれる可能性は０％になるだけだ。一生懸命に努力すれば努力するほど、思いどおりの結果が出なかったことに失望し、ショックを受けるだろう。「そうやって傷つくくらいだったら、最初から目指さない方がいい」と思って自分の気持ちを誤魔化して、夢の為に人生を捧げることから逃げているだけじゃないのか？

　僕だって、光ＧＥＮＪＩになれないとわかった夜、サッカーで優勝できなかった夜、ボクシングで世界チャンピオンになれないと悟った夜、ミュージシャンとして武道館に立てないかもと思った夜は、死にたくなるくらいにつらかった。自分を信じて、限界まで努力し続けてきたからこそ、それらの夜は、永遠に続くんじゃないかと思えるほど長くつらく悲しくせつなかった。

　だからといってボーッと生きていても、チャンスが空から降ってくるわけではないし、楽しくエキサイティングな人生が、マンガのように偶然始まることはない。何度、思いどおりにいかなかったとしても、自ら可能性の扉を閉じなければいけない理由なんてない。新しい目標を決めて、今度こそ成し遂げられると自分を信じて、気持ちを切り替えてまた突き進めばいいだけだ。

それに、仮に全てがうまくいかなかったとしても、何もしないで過ごす人生よりも、自分を信じてチャレンジし続けた人生の方が何百倍もエキサイティングだし、楽しいのは間違いない。

誰かがやったことがあるのなら、あなたにもできる

この世の多くの人が憧れて夢に描いていることのほとんどは「これまでに誰かがやったこと」だ。しかもその夢を叶えたのは、１人や２人じゃない。数えきれないほど、多くの人たちが既にやってきたことだったりする。

たとえば「売上１０００億円の会社を作ろう」と思ったとする。既に会社の社長をやっている人ですら「そんなのできっこない」と思っている人が沢山いる。

でも、売上１０００億円の会社を作ったことがある人なんて世界中には掃いて捨てるほどいる。その人たちにできて自分にできないはずがない。「武道館をお客さんでいっぱいにする」、そんなミュージシャンも大勢いる。オリンピックに出たことのある人だって、今までに何万人といる。甲子園で優勝したことのある選手だっ

てそうだ。プロ野球選手だって今まで何人いたかすらわからないくらいいる。

そう考えたら、世の中の人が夢見ていることのほとんどは、既に誰かがやっていることばかりだ。同じ夢を叶えた先人は何万人も何十万人もいる。それなのに、なぜ「自分にはできない」と思うのだろうか？

「火星に行きたい」とか「タイムマシンを作りたい」とか、過去に誰もやったことがないことを「これは無理だな」と諦めるのならまだわかる。でも、みんなやっていることだったら、特別なことでもなんでもないじゃないか。

そんな話をすると、よく「それは同じような人が周りにいたからじゃないですか？」と言われる。身近にそういう人がいれば「自分にはできない」とは思わないはずだ、ということだろうか。確かに、灘高校や開成高校から東大に行く人が多いのは「周りに東大に行く人が多いから」と言えるかもしれない。

でも僕は、埼玉の団地街に育って、周りにすごい人なんて一人もいなかった。有名な人も芸能人もプロスポーツ選手もいない。せいぜい『おニャン子クラブ』に入った人が隣町に一人いたくらい。売上数億円か数十億円程度の中小企業があって、それが街で一番大きかったくらいだから、スティーブ・ジョブズやマーク・ザッカーバーグのような大経営者もいない。

それでも僕は、世界を舞台に活躍しているような人たちが特殊な人たちだとは決して思えなかったし、自分でも「なれる」と信じて疑わなかった。「自分の身近にすごい人がいないから」「環境が良くないから」なんていうのも、ただの言い訳だ。


僕は、高校の授業もほとんど受けていないし、大学も行っていない。英会話は中学1年生レベル以下。

いわゆる「いい大学」に入って、「いい会社」に入って、ＭＢＡを取るために留学して、社長になるための勉強をして……というプロセスなんか何一つ踏んでいないし、そんな道があることすら知らなかった。でも紆《う》余《よ》曲折はあったけれど、結果、いちおう会社を経営することができているし、世の中の中小企業の社長の中ではそれなりに結果も出ている方だと思う。何も特別なことなんてしていない。「お金持ちになりたい」とか「これがやりたい」「あれがやりたい」ということを追い求め、不安な夜も自分を信じて努力し続けてきただけだ。

そんな僕が言える、ただ一つ確実なことは、自分で「なれる」と思えば、なれる可能性は無限にある、でも「なれない」と思えば、絶対になれない、「なれる」と思うことすらしない人は、一生なれないということだ。

応援なんていらない

夢を叶えた人たちは、応援してくれる環境があったからうまくいったのだろうか？　素晴らしいメンターがいたからうまくいったのだろうか？

うまくいかない人は、周りのみんなに反対され、親にも反対され、近くに教えてくれるような人もいなかったから、うまくいかなかったのだろうか？……そんなことはない。

たとえば、田舎に住んでいる人がマンガ家を目指したとする。でも、なかなか芽が出ない。家族には「いつまでもマンガなんか描いてないで就職しなさい」と怒られる。次第に弱気になってくる。そして「マンガ家は、東京にいる方が有利なんだ。教えてくれる人もいるし、いろんな情報もある。俺は田舎にいるから売れないんだ」と言い始め、耳触りの良い言い訳を自分に語りかけて、夢を諦める。でも、本当にそうだろうか？　僕は、それは単なる言い訳であり、逃げだと思う。

『ONE PIECE』ほどの大ヒットマンガでも、描いているのは同じ人間だ。

きっと尾田栄一郎さんも「自分は本当にやっていけるのだろうか？」と不安な夜を何百日、何千日と過ごしてきたはずだ。それでも自分を信じきったから、あれだけのヒット作を生み出せたのだ。

挑戦の途中で、不安な夜に負けた人たちは「やりきった奴は、才能があったから、いい環境があったから、応援があったから、不安を乗り越えられたんだ」と思いたいだけなのだ。

自分には不安な夜に打ち克つだけの精神力がなかったと認めたくないから「成功者たちはそもそも人間の種類が違うんだ。もしくは自分と同じく弱い人間だったとしても、彼らには助けがあり、応援して支えてくれる人たちがいたからうまくいったんだ。だから、俺は何も悪くない。俺は環境が悪かったんだ」と言っているだけなのだ。

僕自身も、これまで「本当に大丈夫かな？」「やっていけるのかな？」と不安に思う夜が数えきれないほどあった。「自殺しようかな」と思いつめて、一人で泣いてしまうほどつらい夜もあった。ずっと悩み続けていたし、今でも不安でしょうがない。それでも自分を信じてやるしかない。友人に否定されようが、親に反対されようが、やるしかないのだ。

僕には「応援してくれる人」なんてほとんどいなかった。

僕が会社をやることを一番否定していたのは家族だ。父親、母親、姉、親戚、誰一人として、僕が今みたいに会社の社長になって人一倍豊かな生活を送れるようになるなんて、想像すらしていなかったし、期待もしてくれていなかった。

たまに実家に顔を出せば「まだ会社やってんの？　あんたに社長なんかできるわけがない。人を雇うのはいいけどちゃんとお金あげてんのか？　頼むから、破産したりして人に迷惑かける前にやめてくれ」、そんなことばかり言われ続けてきた。

でも別に、それを恨んでもいないし、批判しているわけでも文句を言っているわけでもない。家族が自分の夢や目標を応援してくれなかった。そんなのはどうでもいいことだ。その時は、僕には社長になれる能力がないと家族や親戚は本当に思っていたのだろう。ただそれだけの話だ。

家族や学校の先生、地元の友人に何を言われても気にしなかった。反対されたからといって「じゃあやめようかな」とも思わない。「俺の人生だから関係ないじゃないか。別にあなたの為に生きてるわけでもないし」と思っていた。

あなたに、僕が伝えたいのは、親兄弟、親戚、友人が応援してくれようが応援してくれなかろうが、僕は結局こうなったということだ。結果として今、こうして社長をやっているし、僕は自分が望んだ人生をわりと沢山手に入れている。そしてこれからも手に入れ続ける。

では、あの時にもし家族や友人が、みんなで僕を応援してくれていたら、もっと早くうまくいったか？　もっと大きな会社にすることができたか？　おそらくそれもないだろう。とどのつまり、周りから応援されようが応援されまいが、自分の成功には何の関係もない。どこまで行っても、あなたの人生は、あなたが自分の力で歩んできた結果でしかないのだ。

みんな不安を抱えて生きている

僕は、いまだに変な感覚がある。今の自分の置かれた立場、やっていることに対して、ふと「本当に自分は大丈夫なのだろうか？」と思う時があるのだ。

「これまでの自分の人生は全部、夢だった」という夢をいまだにしょっちゅう見る。それはどんな夢かというと、僕は高校生の時にバイクの事故にあったことがある。救急車で運ばれて数日間、意識不明だった。

その時のシーンから夢は始まる。パッと目が覚めると、僕は病院のベッドに寝ている。周りには親や友人がいる。僕は「あれ？　子どもたちは？　嫁さんは？　ＯＷＮＤＡＹＳはどうなってる？」と心配する。すると枕もとに立つ母親に「は？　何言ってんの？　あんた、ずっとここで寝てたんだよ、20年間も」と言われる。そんな夢を見るのだ。まるで安っぽいドラマにでもありそうな「夢オチ」だ。

現実の僕は何も持っていない。「この20年間の人生は全部夢だったのか！」、そう叫びながら虚しさと絶望に包まれる。

そのあたりでハッとベッドから飛び起きて、本当に目が覚める。どっちが本当の夢なのかわからないフワフワした感覚のまま、とりあえず家の中を一周する。子どもの部屋に行き寝顔を見る。そしてスマホで自分のTwitterやインスタを確認して「やっぱそうだよね、こっちが現実だよね」と安心するのだ。

「今の自分は全てが夢だった」、そんな夢を1年に何回も見る。きっと僕も今の自分に自信がないのだろう。だから多分「自分は本当に大丈夫なのだろうか？」という不安が常に付きまとい、その不安が夢になって表れているのかもしれない。

でも、だからこそ、逆にどんな時も、どこかで今の状況を面白がって、一歩引いて見ている自分もいる。自分がマンガの主人公になったような感覚だ。映画を見るように、幽体離脱したように俯《ふ》瞰《かん》して、自分の置かれた状況を見ている時もある。それは自分で今の状況を１００％受け止めてしまうと、プレッシャーに押し潰されそうになるからかもしれない。だからあえて、現実感をなくして、面白おかしく捉えるようにしているのかもしれない。

自分に絶対の自信があって、何も恐れずどんな時でも迷わずに決断している人なんていない。

はたから見れば超人のような人たち、イチローだって、スティーブ・ジョブズだって、坂本龍馬だって、みんな自分と同じ人間だ。みんな同じように怖くて不安で悲しくて心細くて頭がどうにかなってしまいそうな夜を過ごしてきたし、自信のない決断だって沢山してきたはずだ。

だからといって、彼らは行動を止めることは決してしなかった。自分を信じて、ただ突き進んでいったのだ。不安の乗り越え方はどうだっていい。大切な誰かの為でもいい、自分の欲望の為でもいい、僕みたいに人生を軽く考えて面白おかしく捉えることで不安を軽減させたって、なんだっていい。

大切なのは、自分を信じること、そして行動を止めないこと。ただそれだけだ。

「夢がない」と嘆くあなたに贈る言葉

「行動すればいいのはわかったよ。でもそもそも、これといった夢もないし、周囲の反対を押し切ってまでやりたいことなんてないよ」、そんな人も多いかもしれない。

事実、ＯＷＮＤＡＹＳにいる若い社員の子たちと話していても、明確な夢や目標を持てずに、モヤモヤとしたまま毎日を過ごしている人たちが沢山いる。そんな子たちに「特に夢とかやりたいことがないんですけど、ダメですかね？」なんて相談された時、僕はこんなことをいつも話している。

それなら**「できるようになりたいこと」「手に入れたいもの」、この2つを書き出してみるといい。**するとみんなけっこう出てくると思う。

「海外旅行に行きたい」「憧れていた車に乗りたい」「英語を喋れるようになりたい」「美人の彼女が欲しい」「接客がうまくなりたい」「ＰＯＰとか、広告とかのデザインをしてみたい」

そんな、軽い感じで十分だと思う。何も「世の中を変えたい」とか「犯罪をなくしたい」とか「緑豊かな環境を守りたい」みたいな、万人が認めるような崇高な理想なんて、世の中をよく知らない若者のうちから掲げなくたって別にいい。むしろそんな壮大な理想に向かって、若いうちからひた走っている人の方が稀だ。

たまたま入った会社が「日本を代表するような会社」を目指していたとしても、別にその経営者の夢を、自分の夢に無理やり置き換えて、体裁だけ取り繕って自分の気持ちを誤魔化しながら、一緒に働く必要もない。

そんなことより、可能性に溢れた若い人なら、もっと目の前の、今自分が手に入れたい小さな「欲」に向かって、必死に取り組んでみることの方が先じゃないのかなと思う。

仮にその欲がお金で叶うなら残業でも仕事の掛け持ちでもなんでもして、頑張ってさっさと稼いで、手に入れてみれば良い。できるようになりたいことがあるのなら、寝る間も惜しんでガムシャラに頑張って習得してできるようになってみれば良い。

そんなガムシャラな毎日を送るうちに、いつの間にかそれが生活の一部になっていて、気づけば一生の仕事になっていたりする。

「美人の彼女が欲しい」という理由だけで、美人と出会うことの多そうなイベントとか、マスメディア関連の仕事に就いて、モテたいから一生懸命頑張って仕事をしていたらエンターテインメントの面白さにハマって、人を喜ばせることや感動させることがたまらなく楽しくなっていて、気づいたら一生の仕事として挑み続けるプロフェッショナルになっているかもしれない。

だいたい、今世の中でプロフェッショナルだとか呼ばれている人たちは、何もみんな最初から崇高な理想があったからなれたわけじゃない。みんな最初の動機なんて、せいぜいそんなもんだ。

ただ一つ社会に出てから肝心なのは「本気」で挑むことだ。人に頼らず自分の足で立つということ。寝る間も惜しんで、1秒も無駄にしないで全身全霊で取り組めば、「できるようになりたいこと」は、できるようになる。

僕も最初から「世界中で展開するアイウェアブランドの社長」になりたかったわけじゃなくて、女の子にモテたくて、好きなものを好きなだけ買えるような、お金に困らない生活をしたくて、商売の真似事みたいなことを始めて、ただガムシャラに毎日を生きていたら、気づくとスタッフも増えていて、いろんな責任みたいなものにも気づかされた。でも同時にみんなで一つのことを成し遂げる楽しさも知ったし、人の生活を支えていくのに必要な覚悟も持てたし、その覚悟を背負うことで初めて知ることができた喜びもある。

そんな感じで22年やってきたら、気づいたらメガネ屋の社長になって、沢山の責任を負うようになっていて、最近やっと本当の意味での社長になってきたと思うし、今では楽しいこともつらいことも全部ひっくるめて「自分のやるべきこと」、大げさに言えば「天命」みたいなものを神様から頂いて、自分に課せられた仕事に毎日本気で向かって生きる充実した日々を過ごせるようになった。そんなものだ。

人生をかけて挑む「夢」とか「目標」なんてものはそんな簡単には見つからないし、ましてや親や会社なんぞに与えられるものじゃ決してない。

むしろ一生をかけて挑んでいく「夢」とか「目標」みたいなものを見つけられないまま、この世を去る人の方が多いのかもしれない。

でも自分が本当にすべきことが見つかったとしたら、その人の人生は、その夢が叶おうが叶うまいが最高に面白いエンターテインメントになっていくだろうし、見つかる前より何十倍も豊かなものになることは間違いない。

つまり、何が言いたいかというと、**夢とか目標なんていうものは、毎日を頑張って、魂を振り絞って精一杯生きた人にだけ、ある日突然、神様が与えてくれるご褒美みたいなものだということだ。**

だから僕はＯＷＮＤＡＹＳで働いている人たちに「僕みたいになれよ」なんて言う気もないし「僕についてこいよ」なんて言うこともない。

僕の人生は僕のもの。あなたには関係ない。あなたの人生はあなたのもの。僕は別にいらない。ただ、今のところあなたがもし、コレといった夢もなくフワフワして毎日を生きているようだったら、ＯＷＮＤＡＹＳという会社に入ってみるのもいいかもしれない。

それでとりあえず「世界一のメガネ屋になる」という共通の目標を持って働いていくうちに、毎日を頑張って生きることの大切さや仲間と何かを成し遂げる喜びみたいなものに気づけたとして、その道を歩く過程で、あなたがあなたの本当に追い求めるべき「夢」に出会うことができて、仮にそれがＯＷＮＤＡＹＳが進む道にはなくて、別の道に進むことになったとしても、ＯＷＮＤＡＹＳで過ごした日々がキッカケとなり、ちょこっとでもあなたの人生を豊かにすることができたとしたなら、僕はＯＷＮＤＡＹＳの社長でいることに意味があったと思えるし、一時でもあなたと共に働いたことを誇りに思えると思う。

せっかく生まれたんだから、一生懸命生きてあげなきゃいけない。それは生まれてきた自分に対する責任だと思う。

ここまで読んで「わかるわぁー」と思った人が応募してきてくれたらすごく嬉し

い。無論、中途入社でもノープロブレム。

というわけで、最後は華麗なＯＷＮＤＡＹＳ求人募集のステマに文章を変換できたところでこの章を締めたいと思う。

ＯＷＮＤＡＹＳリクルートサイトはこちら

https://www.odsaiyou.com/

CHAPTER 5

人生論のウソ

人生。
人がこの世に生まれ、その命の灯火が消えるまでの旅路。
今日もどこかで誰かが、ため息をつきながら
自分の人生について悩んでいる。
みんな自分の人生の舵をうまく切って、
思いどおりの方向に進んでいきたいと思っている。
僕もまだ人生の半分がようやく終わったばかり。
でも、折り返し地点を迎えて、一つだけ気づいたことがある。
それは人生において「選択」にはあまり意味がないということ。
右に行こうか？　左に行こうか？
前に進むか？　立ち止まるか？
どっちに行っても結果はほとんど変わらない。
果たして行く末は、天国か地獄か？
運命の狭間に立つような人生の岐路なんて実は全て幻想だった。
そんなの悩むだけ無駄だったんだ。

人生において選択なんて大した意味はない

みんなすごく選択に悩んでいる。たとえば「転職するかどうか?」「会社を辞めて独立するかどうか?」「この人と結婚して本当に良いのかな?」「どの大学に行こうか?」「どの会社に就職しようか?」、そんな感じで、今日の晩ご飯に何を食べようかみたいな小さな選択から、人生を変えてしまいそうな重大な選択まで、誰もが日々、どちらを選択するのが正解なのだろうかと悩み、頭を抱え込んでいる。

僕もよく社員から相談される。「今店長なんですが、次回の管理職の公募に立候補しても大丈夫でしょうか?」とか「福岡に転勤してみたいんですが、今の東京の暮らしも捨てがたいので悩んでいます」とか「会社を辞めて独立しようか悩んでるんです」といった感じに。そんな時僕は、ほとんどの場面でこう答える。

「どっちでもいいんじゃない？　自分で決めれば?」

誤解をしないで頂きたいが、別にいい加減に答えているわけでもないし、その社員が嫌いなわけでもない。本当にただそう思っているだけだ。「別にどっちでも良くない?」と。

みんな選択することを、まるでウルトラクイズの○×みたいに考えすぎなのだ。どちらかが正解で間違いの方を選択して飛び込むと、その先で泥水に落ちる、「さあ、どちらを選べば天国か? 地獄か?」みたいなやつ。アレと同じだと思っている。だから選択に迷った時に、「どちらを選んだら正解なんだろう?」と考えて頭を抱えて悩んでいる。

でも本当は違う。**人生における選択の先には、どちらにも天国と地獄が待っているのだ。** 結局は、自分が選択した道が間違いじゃなかったと思えるかどうかは、そのあと、どう行動したかが大事だし、その選択が正解になるのも間違いになるのも、自分の行動の結果でしかないのだ。

自分の思いどおりに物事が進まないと「あの時の判断が間違いだった」と思う人があまりに多すぎる。でもそれは絶対に違う。「選択」そのものにはあまり意味はないのだ。

身近な例を挙げると「転職」がそう。とどのつまり、成果を出せる人はどこの会社や業界にいても成果を出せる。「この会社は自分を正当に評価してくれない」などと不満や文句を言いながら転職していく人はだいたい次の会社でもうまくいかない。

最近、ありがたいことにＯＷＮＤＡＹＳには優秀な人がどんどん集まってくれている。でもＯＷＮＤＡＹＳに来たから成果が出せるようになったんじゃなくて、もともと成果を出せる人たちが転職してきてくれただけなのだ。

反対に、仕事で成果が出せなくて、それを会社のせいにして転職していった人で、他社に行ったらすごく成果が出るようになって活躍しているらしいっていう話は、ほとんど聞いたことがない。

人生において、選択なんてどちらを選ぼうが結果は同じなのだ。だから、悩んでも意味がない。

転職しようがしまいが、独立しようがしまいが、どの大学に行こうが行くまいが、うまくいく人はうまくいくし、うまくいかない人はうまくいかないのだ。

僕は「よくあの時ＯＷＮＤＡＹＳを買収する決断ができましたね」的なことを言われる。「どうしたら、そういう選択ができるんですか？」とも聞かれる。まるで「あのタイミングでＯＷＮＤＡＹＳを買うという選択が正解だったから今の僕がある」とでも言いたげな感じに聞こえる。

でも、あの時ＯＷＮＤＡＹＳを買ったことに大きな意味はない。そして、その時点では、ＯＷＮＤＡＹＳが倒産してボロボロになる未来も、うまくいく未来も、両方あったのだ。いや、今以上に成長して世界中を席捲《せっけん》するような会社になる未来だってあっただろう。

もし、ＯＷＮＤＡＹＳを買収したあと、僕が経営に失敗して会社を倒産させていたら「ほれ見たことか、あの時、ＯＷＮＤＡＹＳなんて買うからそんな目にあうんだ。あいつは選択を間違えたな」と言われたのだろう。

今は幸い、ＯＷＮＤＡＹＳは倒産の危機も乗り越えて比較的健全に成長し続けているから「あいつはよくあの時、ＯＷＮＤＡＹＳを買ったよね。良い選択をしたよね」と言っているだけに過ぎないのだ。その裏で僕たちがどれほどの苦労と困難に負けずに戦い続けてきたかなんて見ようともせず、選択が良かったと運のおかげにする。

イチローは野球を選んだからスターになれたのだろうか？　イチローは野球選手を選ばなかったとしても、また違った分野で超一流の人になっていただろう。

今、オリエンタルラジオの中田敦彦さんはテレビを捨て、YouTubeに活動の場を移し、教育系YouTuberというジャンルで新しい挑戦を続けている。今のところは登録者も100万人を超えとても順調に結果が出ているが、しかしまだ彼がこのあとに大きな成功を手にするかどうかはわからない。

10年後に「彼はよくあの時にYouTuberを選んだね」と称賛されるかもしれないし、逆に「あの時YouTuberなんかやらずにテレビタレントを続けておけば良かったのに」と馬鹿にされているかもしれない。正解の天使も不正解の悪魔も、どちらも両手を広げて待っているのだ。

そのどちらを彼が手にするのかは、このあと、どういう行動・努力をするかで決まるのだ。今の時点では、どちらの未来もありえる。でも僕は彼が成功することを確信している。それは友人だからではない。彼もまた正解も不正解も自分の努力で変えていけるという真実をよく理解しているからだ。

なぜ人は選択に意味があると思ってしまうのか？

人が選択に意味があると思ってしまうのはなぜか。

それは「自分は選択を間違えただけで、努力が足りなかったせいじゃない」と思いたいからだ。たとえば40代になって昔の同級生とずいぶん生活に差がついてしまった現実を前に「あいつは選んだ会社が良かったな。俺だって新卒の時に会社選びさえ間違えなければ……」なんて考えて、自分を慰める。俺はあいつに負けたわけじゃない、あいつはたまたま当たりクジを引けたんだ、と思いたい。でも、現実は、自分のやってきたことの結果が出ているだけで、あの時の選択なんて関係がなかったのである。

では選択に悩んだ時は、何を基準に選ぶべきか？

もしあなたが人生の岐路に立ち、どちらの道に進もうか悩んでいるのなら、僕は

「迷わず面白いと思う方を選べ」とアドバイスしたい。

面白ければハマれる。ハマることができれば結果が出るまで努力することができる。どちらを選んでも、結果は自分次第。天国も地獄も両方ありえるのだから、せめて面白いと思う方を選んだ方がいい。**全ての努力や才能も、夢中という力には敵わないのだ。**

僕の人生における選択の基準は、30代までは「女の子にモテるかどうか？」だった。冗談みたいだが本当だ。「ボクシングをやって強くなればモテるな」「社長になってお金持ちになればモテるな」。今振り返れば、若い頃の選択の基準には崇高な理想や使命なんて何もなく、ただ「女の子にモテるかどうか？」だけだった。

30歳で父親が亡くなった時に、自分の会社を捨てて、父親が残した会社を継ぐという選択肢もあった。父親の会社はそこそこ黒字で利益も出ていた。債務超過で倒産寸前のＯＷＮＤＡＹＳよりも楽そうなのは誰の目にも明らかだった。でも、父親の会社は継がず相続も放棄して自分の会社だけをやり続けることを選択した。

なぜＯＷＮＤＡＹＳという苦しい道を選んだのかというと、そっちの方がモテそうだったから（笑）。親の会社を継いでそこそこうまくいく人生より、自分で作った会社で困難を乗り越えながらうまくいく人生の方がモテそうだったから。ただそれだけだ。

30代半ばで結婚し、家族ができたあたりからは「モテたい」が人生の選択の基準ではなくなった。すると今度は「面白そう」を基準にするようになった。

７年前、ＯＷＮＤＡＹＳが成長の壁にぶつかり新しい道を模索していた時に、３つの選択肢が浮かび、大きな経営判断を迫られた。

１つ目は、新しく高価格帯のメガネを扱うブランドを立ち上げるか？　２つ目はメガネ以外の新規事業を始めるか？　３つ目は海外に出て新天地でＯＷＮＤＡＹＳを展開するか？

悩み抜いた末に僕が選んだのは３つ目の選択肢だった。シンガポールでＯＷＮＤＡＹＳをオープンすることに決めたのだ。この時に僕の背中を押したのは「海外で勝負した方が絶対に面白い！」という感覚だった。

「面白そう」が判断の基準に変わった瞬間だった。

その後も沢山の選択を繰り返してきたが、全て面白そう！　とワクワクする感覚を頼りに決断を下してきた。英語もまったく喋れない僕が海外に出て会社を立ち上げ、外国人のスタッフを仲間に加え、外国人のお客様を相手にメガネを売るという挑戦は困難の連続だったが、それでもなんとか今日までやり続けて、それなりの成果を出せたのは、純粋に海外でビジネスをする楽しさに取り憑《つ》かれて寝食を忘れて仕事に没頭することができた結果だったと思う。

そして今。40代に突入した僕は、また新たな選択の基準を持つようになった。今の基準は「自分の子どもたちに、どんな父親の背中を見せたいか？」というものだ。

昨年、僕はＯＷＮＤＡＹＳの株式を一部、投資ファンドに売却した。その時に「全ての株式を売却しＯＷＮＤＡＹＳの経営はよりふさわしい人たちに託し、巨額のキャッシュを得て、お金儲けとは無縁の新しい人生を歩むか？　それとも、投資ファンドの力を得て、さらに企業価値を上げ日本を代表するアイウェアブランドにＯＷＮＤＡＹＳを育てるか？」という二択を前に人生の岐路に立たされた。

結果は後者を選んだので、今もこうしてＯＷＮＤＡＹＳの為に毎日を捧げているのだが、この時はどちらの選択肢も、それまでの僕の大事な基準「面白そう」をクリアしていたので、簡単には決断できず、悩みに悩んでいた。

しかし、その時僕は、7歳になったばかりの息子のことを考えた。これから多感な時期を迎える彼が、一番影響を受けるのは父親の僕だ。

僕は彼にどんな父親像を見せたいのだろうか？　そんなことを考えた。彼が大人になる頃、社会がどんな風に変容しているかなんて予測不能だ。父親として、息子に何を教え、何を身につけさせれば、彼が将来大人になった時に沢山の選択肢がある豊かな人生を過ごせるようになるかなんて皆目見当もつかない。今僕にできることは、自分自身が困難に打ち克ち、自分の努力次第で人生はいくらでも変えていけるということを背中で見せることで、頭ではなく、心で感じてもらうしかないと思ったのだ。

そう考えたら、お金持ちで、毎日楽しそうに飛び回っているけれど、何をしているのかいまいち子どもにはよく理解できない父親より、世界中に父親のデザインしたお店が建ち並び、多くの人たちの人生を背負ってその重圧と責任に苦しみながら戦っている姿、より沢山の人の人生に深く関わって影響を与えている父親の背中を、僕は彼に見せなければいけないと決心した。すると頭を覆っていたモヤモヤがすっきりと晴れ、視界はどこまでもクリアになっていた。

これからの10年は子どもたちにどんな父親の背中を見せたいか？　それを基準に選択を繰り返していくことになるだろう。

でも、いつの日かまた、この選択の基準が変わる日が来るのだろう。子どもたちが成人して、自分の人生の終わりが見え始めた頃、僕はまた違う「何か」を基準に人生の選択をしていくのだと思う。今はそれが何かはまだわからないけれど。

人生の選択になんて大した意味はない。どちらを選ぼうが、天国にも地獄にもなりうる。大事なのは、今、自分が決めたその選択が、将来正解だったと思えるようにあなた自身が納得のいく努力や行動をできるかどうかだ。

その為には、**自分の内側と深く対峙《たいじ》して、自分なりの譲れない「判断の基準」をしっかりと持つことだ。そうすれば、迷うことはないし、自分の思うような豊かな人生を手に入れられる可能性は間違いなく大きくなる。**

どん底の時に自分を支えてくれるのは「嫌いな奴」

よく「信じられる仲間の存在が大切だよ」的な話を少年時代から、いろんな大人たちに言われてきたし、本でもマンガでもその手の話は掃いて捨てるほど出てくる。ところが経営者という職業（他の職業はきちんとやったことがないのでよくわからない）を自分がやっていて、この20年で実感しているのは、一番つらい時、会社経営を諦めてしまいそうになった時に、**自分を最後の最後に踏ん張らせてくれたのは、「思い出すだけでも胸がムカつくほど、嫌いな人たちの存在だった」という事実だ。**

友達が極端に少ない僕にも、信じ合える仲間が数人だけいる。特に一番仲が良いのは、Dr.ストレッチというストレッチ専門店を運営しているフュービックという会社の黒川将大社長だ。黒川社長は、親友であり、負けたくないライバルでもあり、共に企業経営という戦場で戦う戦友のような、僕にとっては、とても稀有でありがたい存在だ。

もう何度も話しているので「またかよ」と思われるかもしれないが、ＯＷＮＤＡＹＳは明日にでも倒産しそうなくらい赤字続きで、ボロボロの借金まみれの会社で、僕は今から12年前にそんなＯＷＮＤＡＹＳの再生を引き受けてオーナー社長になったのだが、最初の５年間は特に資金繰りが火の車だった。


中でもＯＷＮＤＡＹＳの経営を引き受けて５年目の年末。一番「ヤバイ時」があった。12月20日の期日までに３億円近い現金を用意しないと、資金がショートして社員の給与は未払いになり、取引先への支払いもできなくなることがほぼ確実になっていたのだ。

メーカーの方たちからは「月末払いのお金は、年末の休み前に絶対にちゃんと払ってくださいよ！」という催促の電話が何本もかかってきていた。方々に金策に走り、金融機関や投資家には土下座までして頼み込んでみたが、結局、誰からも助けてもらうことはできず、万策尽きて「いよいよ観念して民事再生、自己破産」と終わりの始まりが頭をよぎり、僕は不安と苛立ちと、債権者に対する恐怖で眠れない日々が続き、しまいには「こんなことならもう自殺しようかな……」と鬱《うつ》状態に陥ってしまっていた。

　そんな時に、僕を助けてくれたのは、最大の親友である黒川社長であった……というのは真っ赤なウソで、実はまったくそんなことはない。半ば鬱状態に陥ってしまった当時の僕を見て、親友の黒川社長は、「もう十分頑張ったよ。ここでＯＷＮＤＡＹＳを倒産させても誰も修治君を責めないし、また一から頑張れば良いじゃん！　俺も仕事を発注してあげるし、いくらでも食っていけるから、もうこれ以上無理しない方が良いよ」と、とても優しい言葉をこれでもかとかけて慰めてくれた。

　黒川社長は、「これ以上、無理をして自殺でもしてしまったら大変だ！」と、親友であるがゆえの優しさから僕を心底心配して、リングにタオルを投げてくれたのである。しかも何枚も何枚も（笑）。

　当時、同棲していた彼女（現在の妻）も、僕のただならぬ気配を悟り「もう会社なんて辞めなよ。しばらくは私が働いて食べさせてあげるから。休んだ方がいいよ」と言ってくれた。

　僕もその時は、その優しさに救われて「そうだよなー、ここで諦めても黒川さんや彼女に助けてもらえば飯は食っていけるからもうやめようかな……」と観念してしまいそうになった。

ところがどっこい、僕は幸いなことに、とても執念深く、いつまでもネチネチと過去に人からされた嫌な仕打ちを覚えているような粘着質で根暗な性格だった。

親友や彼女の言葉に救われ、全てを諦めて、その優しさに身を委ねてしまいそうになった時、夜ベッドに入って目を閉じると、ふつふつと瞼《まぶた》の裏に浮かんできたのは「自分を馬鹿にしてきた沢山の奴らが喜ぶ顔」だった。

会社を民事再生させる。誰かに売却する。なんにせよＯＷＮＤＡＹＳの再建に僕が失敗したと知ったら、あいつらは「ほらな！　やっぱりあの生意気なガキには無理だったんだよ！　ザマーミロ！」「融資しなくて良かったよ！」「一緒にリスク取って商品作らないで良かったよ！」と祝杯をあげ、僕の失敗をおいしい酒の肴《さかな》にして居酒屋で語り合うだろう。

また、社長に就任した時に「あんたみたいな人がこの会社を再生させられるとは到底思えない」と唾を吐きながら会社を去っていった元社員たちの顔も浮かんだ。

「おい、聞いたか？　あの茶髪の馬鹿社長、ＯＷＮＤＡＹＳを倒産させたらしいぜ！　やっぱり俺たち早めに辞めて正解だったな！　あんな奴についていかないでほんとに良かったよ」と安堵《あんど》する、元社員たちの喜ぶ顔。

それを思うと、たまらなく悔しかったし、絶対に負けたくなかった。僕がここで負けたら、あいつらが正しかったことになってしまう。それだけは死んでも許せない……。そう思うと、なんだか不思議と全身に力が漲ってきたのである。

その結果、最後の最後まで苦しみながらも、恥も外聞も捨て、できる限りの全ての策を講じ、今ここで転んでも構わない、最後に必ず立ち上がって笑えればいいんだと、あがいた末に首の皮一枚でピンチを脱して今の自分とＯＷＮＤＡＹＳがある。

仮に僕が誰からも好かれるような爽やかな好青年で、みんなが僕を好いてくれていて、僕の諦めを受け入れてくれるような状態だったら、あの時にさっさとその優しさに甘えて僕はＯＷＮＤＡＹＳの再建を諦めて経営を投げ出していたことだろう。

だから、あの時、最後の最後、どん底に追い込まれた僕の精神を「支えて」くれていたのは、反吐が出るほどムカつく奴らなのである。

まったくもってありがたい。ありがとう！　僕を馬鹿にしてくれた全ての人たちよ。今はその人たちに心からの感謝でいっぱいである。歪んだ感情には違いないが、それで僕が踏ん張れたのは事実なので正直に告白しておく。

よく「嫌いな人のことは忘れなさい」「ネガティブな感情は良くない」とみんな言う。でも僕は「本当にそうなのかな?」と思う。

何かに負けたくないという気持ちは、とても大切だ。いじめられていた過去があるならば、受け止めてエネルギーに変えてしまえ。自分をいじめていた奴らに対する一番効果的な見返し方は、そいつらより楽しい人生を、あなたが送ることだ。

どん底でピンチに追い込まれている人がいたら、寝る前に目を閉じて、自分を馬鹿にしてきた奴らの顔をはっきりと瞼の裏に映し出してみたらいい。大嫌いなあいつらに、あなたができる最高の復讐は、あなたが夢を叶えて笑顔で充実した毎日を送るようになることだ。

そして**走り続けてさえいれば、今の状態は「敗北」ではなく「挑戦」になる。**

つらいことから逃げていても何も変わらない

「つらいなら楽な方に逃げることが正しい」といった風潮がある。

学校が嫌なら行かなければいい。会社がつらいなら辞めればいい。合わない人間とは付き合わなければいい――。

今の日本には「とにかく楽な方に逃げてしまえばいい」といった空気がある。日本人全体がどんどん「過保護」になっているような気がする。もちろんあからさまなブラック企業や、学校で子どもが酷いイジメにあっているのであれば、深刻な事態になる前に逃げるというのも大事な選択肢の一つだと思う。でも、少しつまずいただけなのに「やめちゃえばいい」とまるでゲームをリセットするように安易に考えることを勧めるのは、ちょっと違うと思う。

夏休み明けは、子どもたちの自殺が一番多いといわれている。9月が近づくと、いじめられている子に対して「学校なんか行かなくていいんだよ」「他にも居場所はあるよ」などといろんなメディアが言い始める。

でもそれは少し違うんじゃないだろうか？　僕は「行かせない方がいいのは、いじめている側じゃないのか？」と思う。なぜ、いじめている側がそのまま学校に行けて、いじめられている方が学校に行けなくなってしまうのか？　それがまかり通るのは、絶対におかしい。

学校に通い勉強できる権利は、子どもたち全員が平等に持っている。それなのに、なぜいじめた方がそのまま学校で勉強し続けて、いじめられた方が学校に行けなくなるのか。むしろ、いじめた方を排除するべきじゃないのか？

いじめられている子に対しては「一緒に戦ってあげるよ」と言うべきじゃないだろうか。それなのに「戦わないで逃げることが是だ」というのは、少し違う気がする。

いじめは学校だけで起きるものではない。社会でもいじめはある。国同士だって、アメリカや中国などの大国が経済力や軍事力を背景に小国をいじめている。民族同士でもいじめはある。会社の中でもいじめはある。もっと言えば、猿山の猿だっていじめるし、犬だっていじめるし、ネズミだって、魚だってみんな強いものが弱いものをいじめる。

生物が集まった時に、強い個体が弱い個体を攻撃する。それは別に「良い・悪い」という話ではなくて、自然の法則なのだ。

それを「なかったこと」にして、そこから逃げていても何も変わらない。いじめから逃げてきた子たちを待ち受けている次の運命は、また別の場所へ逃げることだったりする。結局、ある場所から逃げても、向き合い方を変えない限り、また違う場所でいじめにあうことになる。

会社も同じだ。「セクハラされているから転職します」「パワハラされているから辞めます」というのはおかしい。本来、辞めさせられるのは加害者側の人であるべきだ。なぜ被害者側が「辞めなよ」と周りから言われるのか。それだと加害者側が会社に残って、また同じことが起こるだけだ。それは違うのではないかと思う。

やるべきは、まず加害者側をなんとかすることだ。排除はできなくても、改善するように声をあげ行動を起こすこと。それもせずに、いきなり「被害者は逃げなさい」となるのは、おかしい。

僕の小学生の息子も、いじめられて泣きながら帰ってきたことがある。同じクラスの力の強い子にオモチャを取り上げられ、みんなの前でズボンを脱がされたらしい。「もう学校に行きたくない」と彼は泣きながら言ってきた。僕は「嫌なら嫌だ、やめろって言わなきゃダメだよ」と言うと「いや、怖いからできない」と、彼はそのいじめっ子と戦うことから逃げようとした。

「嫌だって言ってやめてくれないなら、先生に言えばいい。先生が何もしてくれなかったら、パパが言ってあげる。パパが必ず守ってあげるから、まずは、その意地悪してくる子にちゃんと自分の口で嫌だからやめてくれと言いなさい」と伝えた。

翌日、彼はしぶしぶ、学校に向かった。そしていじめっ子に対して「やめてほしい。オモチャも返してくれ」と震える声で伝えた。それでもそのいじめっ子は、嫌がらせをやめてはくれなかったらしい。

ただこんな言葉もぶつけられたらしい。「おまえが、自分のオモチャを自慢するからムカつくんだよ」と。その時に、息子は「好きなオモチャを買ってもらうことができない子がいて、悪気はなくとも、自分の言動が、その子の心を傷つけていた」ということにも気がつくことができたようだった。

「じゃあ、その子にどうしたら良いと思う？」と問いかけると、息子は「怖いけど、一緒に遊ぼうって言ってみる」と、苦しみながらも自分なりの解決策を模索した。その後、この子とは先生のサポートもあって親友とまではいかないが、普通の友達になることができていた。

もちろんいじめの問題はそんな簡単な話ではないし、小学校低学年ならまだしも、中高生のいじめともなるとそれだけで本が何冊も書けるくらいの問題点があるから深い議論はここでは避けるが、ただ、そういう意地悪をする子はどこに行ってもいるものだ。大人になってもいくらでもいる。そのたびに逃げていたらどこにも行けなくなってしまう。僕は息子には、いじめからやみくもに逃げるのではなく、自分から立ち向かう勇気や、解決する為の方法を考える力を手に入れさせてあげたい。

　立ち向かったり、話し合ったりするだけでなく、誰かに助けを求めるのでもいい。うまくかわす術を覚えるのでもいい。学校以外の別のコミュニティに自分の居場所を見つけるのでもいい。何にせよ、世の中にはいじめや不条理な要求が溢れ、自分の思いどおりになんて周囲は動いてくれやしないし、自分が行動しなければ助けてももらえないし解決もしない。それが現実であるということを受け止めて、ちゃんと対処していかなければならない。

会社員になっても、嫌な先輩は絶対にいるし嫌な上司もいる。今の若い子たちは、それに対して事なかれ主義の大人たちから「逃げていいよ」と言われすぎている。だから会社に入っても些細《ささい》なことで嫌になって辞めてしまい、居心地の良い場所に逃げ込んでしまう人も多い。でもそんなことを繰り返しても、逃げ癖がつくだけだ。一つ逃げると、次はもっと簡単なことからも逃げてしまうようになる。どんどん逃げるハードルは下がり続け、最後は、誰も気にもしないような些細なことでも面倒臭くなり物事や人間関係から逃げていくようになってしまい、引きこもりになってしまう人もいる。それでは何も変わらないのだ。

人生はいつだって困難の連続だ。最後は逃げてもいい。だけど、逃げる前にもう一度、戦う勇気を奮い立たせてみてほしい。そして**「人間関係を円滑に進める」ということと「事なかれ主義」はまったく別のものだということも理解してほしい。**

CHAPTER 6

経営論のウソ

経営。

僕はサラリーマン、いわゆる勤め人をしたことがない。

だから普通の会社が、どうやって成り立っているかを実はあまり知らない。

こうするのが当たり前。こんなの常識。

そういったありがたいアドバイスを、
今までいくつも右から左に聞き流してきた。

そもそも会社経営の当たり前なんて、日々アップデートされている。

世の中の当たり前を無条件で受け入れるより、
自分にとっての当たり前を作った方が絶対に面白い。

最後に僕が今現在、ＯＷＮＤＡＹＳで日々、実践していることや
考え方を書き記しておく。

もし、これらが、あなたが率いる会社やチームで、
あなたなりの新しい当たり前を作るキッカケになってくれたとしたら、
僕は、なんだかとても誇らしい気持ちになれると思う。

経営者は善人や聖人君子になろうとしなくても良い

前述したとおり、ＯＷＮＤＡＹＳの企業理念は「関わる人たちを豊かにする」だ。関わる人というのは、お客様もそうだし、働いている人もそう。取引先も、自分たちもそう。とにかくＯＷＮＤＡＹＳに関わった全ての人たちが、昨日より今日、今日より明日、何か一つでも豊かになれるようにしていこう、その為の会社にしようという意味が込められている。

こういうことを伝えると「素晴らしいですね」「共感しました」「田中社長って良い人ですね」などと言われる。でも、そんなに褒められてもむず痒くなるだけなのでやめてほしい。気持ちだけありがたく頂いておく。

夢を壊すようで悪いが、僕は善人でもなんでもない。「全ての人を幸せにしたい、豊かにしたい、みんなの笑顔が見たい！　だからその為に会社を作ろう」などと思ったわけでもまったくない。もともとはそれこそ「モテたい」とか「お金持ちになりたい」という自分自身の子どもじみた欲望が全ての行動の始まりだ。お金持ちになりたい。女の子にモテたい。海外旅行にしょっちゅう行きたい。その為の手段として、会社をやろうと思っただけ。ただその程度なのだ。

でも、今は「関わる人たちを豊かにしよう」と心の底から思って仕事をしている。なぜそんな考え方に行き着いたかというと、会社を経営する中で様々な失敗があり、その結果**「自分の欲望を満たす為には、周りの人みんなを豊かにするのが結果的に一番効率が良い」**とわかったからだ。

会社を始めた頃、思った以上に儲けることができた。当然ながら「もっと儲けたい」と思った。「じゃあ、従業員の給料を上げないようにしよう。その分社長である自分がもっと給料をもらおう」と思って自分の給料や経費を一気に増やした。すると、どうなったか？　社員は仕事がどんどん増えて大変になっていくのに待遇は良くならず、陰口を沢山叩きながらみんな辞めていってしまった。そこで「社員に辞められると儲からなくなる」「自分の給料よりも先に社員の給料や待遇を先に考えてあげないと不満が溜まって辞められてしまう」ということを学んだ。

その次に、自分と社員の給料を増やした上で、より儲けたいから、今度は取引先に「価格をもっと安くしろ！」とめちゃくちゃ無理を言って叩いてみた。そうしたら、最初は嫌々付き合ってくれていたが、最後は取引先の社長にキレられて、「こんな安い利益でこれ以上やれるか！　俺たちはおまえの家来じゃねーんだぞ！」とすごい剣幕で怒られて取引をやめられてしまった。そうするとせっかく作った良い商品も仕入れられなくなって、また儲からなくなってしまった。取引先もみんな、自分たちとの仕事を通じてきちんと儲けてくれないと、自分たちも損するのだなということを、また学んだ。

20代の頃は、それこそめちゃくちゃだった。一つの仕事がうまくいき儲かっては、調子に乗って失敗してお金も人も消えていく。儲かっては潰れかけてを何度も何度も繰り返してきた。ＯＷＮＤＡＹＳを買収してからも無茶なセールを仕掛けて、社員に過酷な労働を押し付けて辞められてしまったり、取引先に逃げられたりもした。家賃をケチりすぎて、変な場所に出店して、全然売れず、余計に損したことも何度もある。本当に数えきれないほど、いろんな失敗をした。

そして気づいたら「自分だけが儲かれば良い」という発想は頭の中からきれいさ

っぱり消えていた。共に働いてくれる社員・アルバイトスタッフ、商品やお店を作ってくれる取引先、店舗を貸してくれる大家さん、もちろんお客様、ＯＷＮＤＡＹＳのお店がある地域社会、最後に自分。

僕は数えきれないほどの失敗を繰り返して、ようやくＯＷＮＤＡＹＳに関わってくれた人たち全員に、それぞれが貢献した度合いに応じて、きちんと豊かさが分配されるような仕組みを作ることが、ＯＷＮＤＡＹＳを成長させていく為の最善の方法であるという答えに辿り着いたのだ。

みんなを豊かにする仕組みは、会社が永続的に存在し成長していく為の、大きな原動力になる。

誰だって自分を豊かにしてくれる存在は手放したくないものだ。大したリターンもないのに労力を搾《しぼ》り取られるだけなら、なくなっても構わない。でも自分に豊かさをもたらす存在は、なるべく維持しようという考えが働くのは当然の理屈だ。その存在がもっと大きくなれば、もっと自分が豊かになれる。だから「もっと大きくしていこう」とみんなが思って協力してくれるようになる。

取引先には、ＯＷＮＤＡＹＳを儲けさせた方が、自分たちの会社に沢山のリターンがあると思ってもらえるように心がけた。そうすると「こんな商品を開発したんだけどどう?」「あの部品、こういう風に改良したよ」などと相手からいろんな話を持って来てもらえるようになって品質がグンと向上した。

お客様にも、商品のメガネだけでなく、支払ったお金以上の豊かさを返せるようにみんなで考えるようになった。メガネや眼に関する知識を持って帰ってもらう。周りのお得なお店の情報を提供する。ただ買い物をするだけじゃなく、楽しい時間を過ごしてもらえるように、価値のある時間を過ごしてもらえるようにスタッフみんなで努力した。そうしたらお客様に、沢山のお友達を連れて来て頂けるようになって売上が増えた。

試行錯誤を重ねる中、「そうか、自分たちが豊かになるのと引き換えに、誰かにしわ寄せが行くのは良くないんだな」という当たり前の考えに辿り着いた末の答えが「関わる人たちを豊かにする」という企業理念だった。

それは決して僕が善人だからでもなんでもない。結局、自分が豊かになりたければ、先に関わる人が豊かになるようにするのが、一番合理的で確実なのだ。

稲盛和夫さんの「利他の心」は経営者の間でとても有名だ。確かに合っている。利他の心は必要だ。ところが、利他の為だけに会社をやっていたら、それはそれであまりうまくいかない気がする。利他は会社や自分の存在がまだ小さなうちは「目的」ではなく、利益を出すための「手段」として考えているくらいでちょうど良いのかもしれない。その上で事業が軌道に乗り、人間的に成熟してきたら利他の為だけに働くのもいいのかもしれない。

関わる人にとって「いくら貢献しても利益が返ってこないような組織」を維持して成長させていくことにメリットは生まれない。だから「ちゃんとリターンがないとダメだよね」というだけの話なのだと思う。

利他といっても「社長だから自分の給料を安くしてみんなにあげろ」という話ではない。「自分が使った会社のお金は、自分が会社にもたらした利益に比例しているか？　それを万人に開示しても恥ずかしくないか？」、ただそれだけのことだ。

僕はＯＷＮＤＡＹＳを「オンラインサロン」みたいなものにしたいなと最近考え

るようになった。オンラインサロンは参加者がお金を払って所属するものだが、そこは会社なので逆に参加者（従業員）がお金をもらいながら所属するサロンみたいな感じの空気感にしたい。そこにいることで利益があると思う人だけが残って、そう思わない人は別のところに行く。そこにいたい人だけがいて、嫌なら辞めればいい。

これからの時代に多くの人から選ばれる会社は「給料が出るオンラインサロン」みたいな感じになるのではないか、そう思っている。

社員の不満を解消しようとするのは無駄

僕はＯＷＮＤＡＹＳを買収した当初、会社を支配していた泥沼にハマったような閉塞感を打開したくて、社員みんなの声に真摯に耳を傾けて、様々な改革を推し進めてきたが、その中で一番的外れだったことがある。

それは「スタッフの不満を解消しようとすること」だった。

残念ながら、スタッフの不満を解消しようと、いくら努力をし続けても、そのほとんどは徒労に終わり、何も根本的な解決には結びつかない。

買収当初、業績不振にあえぐＯＷＮＤＡＹＳの社内では、働く人たちがみんな沢山の「不満」を抱えていた。僕はその「不満の声」に注目し、その不満を解消してあげることができたら、従業員満足度が高まり、社内の士気が高まり、業績も向上し、笑顔に溢れた良い会社になるだろうと思い、日々湧き上がる様々な「不満」を解消すべく、真正面から対峙して悪戦苦闘し続けた。

しかし、スタッフの不満は、解消しても解消しても、決してなくなることはなかった。一つの不満を解消すれば、すぐに次の不満が湧いてくる。たとえば「給料が安い」という不満を聞いたので、それはいかん！　とすぐに、競合他社に見劣りしない基本給へと全社員の給与水準を限界まで引き上げた。これでもう給与の額に関しては不満は出ないだろうと安心していたら、今度は「残業代が安い。通常の給与にもっとプラスして支払われるべきだ！」という不満が湧き起こった。そこで残業代は基本給にさらに割増で支払うことにした。今度こそ解決か！　と思っていたら、今度は「人が足りないから残業しなければいけない！　人を増やして残業そのものをなくせ！」という不満が巻き起こった。時代の流れもあったので、人員を増強し残業時間を減らすようにした。すると今度は別の場所から「残業代をあてにしていたのに、給与が減った！　どうしてくれるんだ！」とまた不満をぶつけられた。

でも、何も不思議なことではない。仮に全員仕事を一切しないで寝ていても、毎月１００万円が振り込まれるようにしてあげたとしたら、そのうち「毎日暇だ！　何かやること作れ！」と不満を言われるかもしれない。人間とは本来それくらい我《わが》儘《まま》な生き物なのだから、不満はいくら解消してもなくなりはしないのだ。

そもそも、誰も何も不満がない状態なんてありえないのだ。もし仮に「誰も不満がない世界」を実現できたとしたら、それはそれでなんだか気持ちが悪い。そんなの楽しいのだろうか？　そう考えると、むしろ不満があることは良いことなのではないだろうか。だってそうだろう。人は常に何かを望み、その望みが叶わないというギャップを抱えた状態が、不満に繋がるのである。誰も何も不満がなく、みんなが満足している会社なんて、裏を返せば誰も何も望んでいないということになる。それはそれで競争力のかけらもないだろうし、何よりも楽しくない。不満とは、考えなしにただ解消してあげれば、それでみんなが満足するという類のものではなく、人々が成長する為の唯一無二の大事なエネルギー源であって、自らその不満を解消し成長できるようにうまく点火することが大切だったのだ。

不満を解消しても一向に不満がなくならない現実を前にして、ようやく僕は気がついた。**会社にとって一番大事なのは、関わる人たちの不満を取り除くことではなく「納得」してもらうこと**なのだということに。

「不満だし、納得もいかない」という状態では人は気持ち良く前向きに働けない。でも「不満だが納得できる」、こういう状態なら、人は前向きに頑張ることができる。つまり、なぜそうなったのか？　なぜそうしなければいけないのか？　どうすればそうなれるのか？　どうしてそうなれないのか？　こういう自分たちの抱えている様々な不満の原因や理由が明らかにされ、ハッキリと理解することができれば、みんな納得がいき、自分の中にあった不満を「解決すべき自分たちの問題」として前向きに捉えられるようになるのである。

だから経営者が最も優先するべきことは、ただ闇雲に「不満」を取り除いてあげることではなく、その人が自分で解決していかなければいけない「課題」として向き合っていけるように、不満を感じていることの「原因と解決方法」を明確に示してあげることだと思っている。

みんな、理由もなく、ただ高い給料や良い待遇が欲しいわけではない。「金さえあげておけば良いんだろう」、それだけで、人がシャカリキに働く時代はもう終わっている。みんなが求めているのは「公平で透明」な判断に基づく給料や待遇、「公平で透明」に得られる機会なのだ。

なんでもかんでも「平等」にすれば良いということではない。責任の伴わない権利の平等な分配は、ただの悪平等だ。だから、僕はＯＷＮＤＡＹＳで様々な社内の制度や仕組みを作る時に常に**「どうすれば働く人たちの不満を解消できるか？」ではなく「どうすれば働く人たちが納得することができるのか？」ということを一番に考えて取り組むようにした。**

全社員の毎日のスケジュールを公開し、店長の決め方から、管理職の選ばれ方、社員みんなの給料の額、経営陣の役員報酬の額に経費の内訳、出店場所を決めた理由、広告宣伝費の使い方、投資の基準まで、とにかく、なんでもかんでも会社にまつわる全ての事柄をできる限りオープンにし、ブラックボックスを破壊し、みんなが納得して働けるような環境作りを意識し続けている。

みんな「理由」をきちんと知りたいのだ。だから社長はその「知りたい」に真摯に向き合って全てにおいて逃げずに説明する義務がある。これこそが社内の空気を良くする唯一の方法だと僕は思っている。

会社の一番の敵は社長だ！

全てをオープンにするということは、裏を返せば「みんなに説明のできないことはとてもやりづらい」ということでもある。社長の僕が、毎日の仕事の中で一番時間を割くのは、会社内の様々な不満を取り除く作業ではなく、会社で日々下した決定や、起きていることをスタッフに「説明」する作業である。そういう意味では、この本の執筆もその作業の一環とも言える。

できる限り、タイムリーに自分の言葉で全てを発信する責任が僕にはあるし、ＯＷＮＤＡＹＳのスタッフもそれを僕に求めている。

さらにもう一つ、このなんでもオープンにする「公明正大」という考え方には、良い点がある。ここだけの話だが、会社の一番の敵は、実は「社長」なのだ。

社長という存在は、小さなお店を世界的な大企業に育てることもできるが、世界中のスタッフが死に物狂いで築き上げた素晴らしい功績をほんの一瞬でぶち壊すこともできる。だから企業のトップである社長には、高い道徳心や、自分を律する強い精神力が必要である。

しかし残念なことに人間はそんなに強くない。誘惑には誰もが弱い。僕はその中でも、人一倍精神力が弱く、誘惑にも弱い部類に入ると思う。

だから僕は、いろんな隠し事が簡単にできるような状態を作ってしまうと、会社のお金も自分の都合の良いように勝手にどんどん使うだろうし、幹部も自分に都合の良いイエスマンばかりを周りに置いてしまうと思う。自分の出したい場所に、好き勝手に店を出すだろうし、やりたくないことはしないし、見たくないものは見なくなる。仕事と称してゴルフに出かけ、業務に必要だと言ってフェラーリを買う。奥さんのブランド品も新商品の為のサンプルと称して経費で落としてしまうと思う。

だからこの「なんでもかんでもオープンにする」というOWNDAYSの基本方

針は、過去、調子に乗っては周囲の信頼を失い、何度も会社を潰しかけてきた社長である僕自身を調子に乗らせない為、自分に都合良く会社を私物化することができないように、僕が僕自身に繋いだ鎖であり、会社の一番の敵である僕自身を毎日攻撃している強力な武器でもあるのだ。

人事は選挙で決めた方が絶対にいい

公明正大な制度に関して、ＯＷＮＤＡＹＳの具体的な事例を挙げて解説したいと思う。会社を経営している人がいたら、是非、参考にして大いにパクって頂きたい。

まずＯＷＮＤＡＹＳには原則として「辞令」というものが存在しない。以前は普通の会社のように存在していたが、10年前に全て廃止した。だから当然、ＯＷＮＤＡＹＳの取締役や部長などの管理職は「人事権」という、なんだか得体の知れない、世間一般の企業では、時に大変強大な威力を発揮する権利を誰も持ち合わせていないことになる。ではどうやって、店長や管理職を決めていくのだろうか？

それは「選挙」だ。

ＯＷＮＤＡＹＳでは、昇進や昇格、役職の異動など基本的な人事は全て選挙制度という「仕組み」によって決められていく。**「やりたい人がやる」**という精神に則って作られたルールに基づいて決められているのだ。

では「やりたい人」が複数人いた場合はどうするか？　その時には「やりたい人」が**「自分はなぜ、その仕事をやりたいのか？」（想い）、「自分はどうやって結果を出すつもりか」（計画）、「自分は今まで何をしてきたのか？」（実績）**をみんなにプレゼンし、そのプレゼンを参加者全員が聞いたあとで、質疑応答をし、立候補者同士、管理職、社長もみんなで投票して一番得票数の多かった人が、その仕事に就く権利を得られるという決め方をしている。

「選挙なんかやると派閥ができてしまうのではないか？」と聞かれることもあるが、派閥化したとしても「健全な派閥」だから何も問題はない。派閥と言うよりはむしろ「応援団」もしくは「サポーター」のような集団が形成され競争が行われるようになるのだ。

全てが匿名の投票で決められるから、仮に目上の人間が「俺に入れろよ」などと言ったとしても、下の人間は票を入れなくていい。部下や後輩から応援してもらえないと派閥を作ることはできない。

会社によくある「悪い派閥」というのは、上からの押し付けで生まれる派閥だ。「俺の言うことを聞けば給与査定で良くしてやるから」「次の人事でおまえを推してやるよ」、そんな空気の生まれる派閥が悪い派閥だ。でもＯＷＮＤＡＹＳでは、全ての人事が選挙で決められる為、上司自身に人事権がないので、言うことを聞くメリットが誰にも生まれない。サポーターによって支えられるような「健全な派閥」を形成することでしか、ＯＷＮＤＡＹＳの管理職選挙では勝つことができないのだ。

ＯＷＮＤＡＹＳは現在この選挙制度で、店長からスーパーバイザー、エリアマネージャー、教育トレーナー、果ては海外店舗の立ち上げ責任者まで、主要な役職に就く人の全てを決めている。

なぜこういう方式をとっているかというと、理由は沢山あるが、一番大きいのは**技術や知識、経験はいくらでも与えてあげることができるが「やる気」は誰にも与えることができない**ということだ。

「やる気」というのは人から与えられるものじゃなくて、自分の内側から絞り出されるものだ。そんな考え方が、ＯＷＮＤＡＹＳの人事に対する理念の根底にある。
人はみんな、失敗したくないので、いろんな役職や責任者を決定する際に、なんとなくベテランで技術や知識の豊富な人間に任せることがよくある。実績や経験なんかを考慮して「やれそうな人」に任せるのだ。しかし仕事で成果を出す為には「やれそうか？」ではなくて「やりたいか？」が実は一番重要なのだ。好きこそものの上手なれ。その仕事に対して強い情熱があれば、最初は苦労するかもしれないが、大概のことは乗り越えられてしまうものなのだ。

逆に技術や知識、経験を持っていたとしても、やる気や、ほとばしる情熱がなければ、周りの人は動いてくれないし、自分でも限界まで努力しきれないので、「できたのに、できなかった」という結果に終わることがよくある。
仕事というものは、どんなものでも一人では完結できず、周囲のスタッフや関係者など、沢山の人の協力が必要不可欠だ。この「情熱・やる気」という力は、仕事を成功に導く為に、とても大切な要素なのだ。

夢中は、どんな努力や才能にも勝るのである。

他にもこの人事の方法には大きな利点がいくつもある。一番大きな効果は「直属の上司が嫌な奴だったとしても、自分の出世には何も影響がない」ということだ。世の中の多くの人が、会社を退職する際の理由に「職場の人間関係」を挙げている。ほとんどの会社は、直属の上司が自分の給与の査定や昇格・降格に関して、大きな権限を持っている。運良く人格者の素晴らしい上司に恵まれれば良いが、自分のことしか考えず、部下を踏み台としか思わないような、嫌な上司に当たってしまった場合には最悪の日々が待っている。自分の出世の為に嫌な上司に気に入られるように、ご機嫌うかがいの無理をする。それは無価値でとてもくだらないことだ。

世の経営者の多くは「うちの会社にはそんな派閥はない」と言うが、ほとんどの会社では社長には見えていないところで派閥が形成され、管理職が居丈高に振る舞い、下の人間は、そんな上司たちに気を遣い忖度《そんたく》をして心をすり減らしていたりする。

ＯＷＮＤＡＹＳでも、過去にはそういう時代があった。良かれと思って与えた人事権が、僕の意図しない形で、無言の権力構造を社内に生み出し、大勢の社員たちが、取締役や部長たちの顔色を見ながら、お客様より上司にばかり気を遣って仕事をすることが多くなっていった時期があったのだ。そんな過去を経て、ＯＷＮＤＡＹＳでは「人事権」をなくし「立候補による選挙制度」を導入するに至った。

この「全て選挙で決める」という制度を導入し、人事権をなくしたことで、今のＯＷＮＤＡＹＳでは、直属の上司の意見が、自分の出世に大きく影響するということはシステム上起こらなくなった。上司と馬が合わず、嫌われてしまっていたとしても、店長や管理職になりたければ、自分で手を挙げて立候補さえすれば、定期的に出世のチャンスは巡ってくるし、みんなに支持されれば、その嫌な上司を追い抜くことだって可能だ。自分の実力でその座を勝ち取れば良いだけなのだ。

ＯＷＮＤＡＹＳでは、自分の元上司が部下になるという下克上も日常茶飯事、頻繁に起きる。ＯＷＮＤＡＹＳで出世する為に必要なのは、シンプルに「自分が出した仕事の成果と、情熱を周囲にキチンと認めてもらうこと」だけなのだ。

この立候補制を取り入れてから、離職率が大きく下がった。きっと職場の人間関係の構築において、「自分の保身の為に上司に気を遣う」という人生で一番無駄な作業が消滅したからだと思う。

ＯＷＮＤＡＹＳでは部下が上司に気を遣ってパシリみたいなことをやらされたり、

ゴルフや飲み会に連れ回されるようなくだらない時間を強制されたりすることは一切ない。なんなら社長の僕が食事や遊びに誘っても、気軽に断られることもしょっちゅうある（笑）。

さらにもう一つ、立候補・選挙制度にして生まれた利点がある。それは「人の持ついろいろな面を見られる」ということだ。一般的には、社長や管理職が、新しい役職者や、プロジェクトリーダーを決める際には、周囲からの評価を参考にしながら、自分たちなりの判断基準で、適任者を見つけていくことになる。しかし、社長といっても所詮は人間。当然、万能ではない。そして社員もみんな、当然、人間だから、社長に見せる顔、同僚に見せる顔、部下に見せる顔、元気の良い時の顔、テンションが下がっている時の顔など、まるで怪人二十面相のように沢山の表情があるのが当たり前だ。

社長や管理職が人事をやると、どうしても「その人が自分に見せている顔」だけを考えてしまって判断が一面的になってしまいがちだ。と言うよりも、その人が部下や同僚に普段どんな顔を見せているかなんて、正確にわかりやしない。これを投票方式に変え、いろんな立場の人が決定に携わるようにしたことで、その人のいろんな顔が浮き彫りになって見えてくるようになった。
経営陣にはあまり人気がないが、部下から厚く慕われていたり、その逆もまた然り。そういう「人間にはいろんな顔があるよね」ということを前提に、やる気のある人たちが集まって、そこに関わる人たちが、各々「誰に任せたいか」を考えて投票して「社内で最も多く信任を得た者にその仕事を任せる」という形が、組織にとっては最適なのだ。

ＯＷＮＤＡＹＳの人事制度に関するルールは、給料や待遇、責任などは、できるだけ格差をつける。ただし、そこに挑戦する「機会」は常にみんな平等かつ均等に。「負けても何度でも挑戦できる機会があるように」、そして「結果、なぜそうなったのか?」というプロセスを、誰の目から見ても納得できるように、明らかにしておく、という考え方に基づいて全て設計されている。

この選挙制度の具体的なやり方はＯＷＮＤＡＹＳのリクルートサイトに掲載してあるので、より詳しく知りたい方は是非左の写真とＱＲコードから飛べる動画をご覧頂きたい。

自分の上司は自分で決める。
OWNDAYSでは、
全ての管理職を投票で
決めることにより、
人事の透明性を高めている。

「人の上に立つ」という時代遅れの発想

よく若いスタッフや就職希望の人たちと話をしていると「将来は管理職になって、人の上に立つ仕事がしてみたいです」的な言葉を聞く。他にも、どこかの偉い社長さんが「そんなんじゃ人の上に立つ者として失格だ」みたいな感じで注意しているのもよく見かける。「人の上に立つ者の心構え」とか「人の上に立つ者の資格」だとか「人の上に立つ者の条件」だとか、そういう類の本や、記事も沢山目にする。

どうやら世の中の多くの人は「出世すること」＝「人の上に立つ」ということだと解釈しているっぽいが、この考え方は根本的に間違っているし時代遅れだし、何より偉そうで気持ちが悪い。

人の上に立っていると思っている人は、いったい何様なんだろうか。人は人である。上も下もない。上に立った人間は気持ちがいいかもしれないが、でも一方で、上に立たれた「下」の人間はまったく嬉しくないだろう。

「人の上に立つ」という傲慢な表現は、上に立たれて下になった側の人の気持ちなんて、一切考えていない。自分が「下」の時はその状態を快く思っていなかったくせに、その人から望まれていない「上」の立場になりたいというのは、なんだか階級社会的、差別的で考え方の性根が腐っていて気持ちが悪いので、口にしない方が良い。

「中心に近づく」

ＯＷＮＤＡＹＳでは、出世することを人の上に立つとは定義していない。「中心に近づく」、そう定義している。出世すればするほど、真ん中に近づいていく。ピラミッドではなく円。その円を回している一番の中心は社長である。当然、円の中心に近づけば近づくほど、回転の速度は上がっていくし熱量も上がっていく。外側よりも激しくハードだ。熱量の高い人、速度の速い人が、円の中心に沢山集まれば集まるほど、その円の全体はより速く、どこまでも力強く回転していくし、より大きく膨らんでいく。

だからＯＷＮＤＡＹＳで働くスタッフには、出世していくことを「上に立ちたい」ではなく「中心に近づきたい」、そういう風に表現するように繰り返し伝えている。「上に立つ」とか「上に行く」なんていう表現はＯＷＮＤＡＹＳの社内ではＮＧワード・禁句だ。

前述したが「出世とは人から必要とされること」でもある。「上に行く」という言葉には、誰かに引き上げてもらったり、周囲の人間を押しのけていったりするイメージがある。でも「中心に行く」為には、その円に所属する多くの人から必要とされなければいけない。人から必要とされていない人が中心にいたら、その円は決して力強くは回らない。

それにこれだけＬＩＮＥやTwitterといったコミュニケーションツールが進化している今の時代では、社長とスタッフが意見交換する際にあった物理的な障害やハードルのほとんどがなくなっているわけで、社長の声や考えは一瞬にして世界中のスタッフに届くし、その逆もまた然りである。そんな今の時代に「人を管理する」という発想自体がもう時代遅れだし、人を管理することそのものが仕事の管理職も、もはや不要になりつつある。

「人の上に立つ」という言い方をリーダーがした時点で、リーダーが偉くて、部下は「家臣」のような時代遅れの上下関係が生まれる。軍隊で言うと「指揮官」であり「隊長」であるリーダーは司令部にいて、兵隊が戦いに行く。将軍や殿様は上から「下の人間」を見下しながら偉そうに指示をする。日本の組織の多くはまだこんな古臭いイメージで組織を構築している。このタイプの組織はこれからの時代、全然強くない。なぜなら、今の時代は兵隊たちが、自分たちが屍《しかばね》になってまで、上にいる人を儲けさせる為になんて頑張らないからだ。

これからの時代に強いリーダーのスタイルは「キャプテン型」だ。サッカーのキャプテンを思い浮かべてみてほしい。キャプテンは、選手と一緒に試合に出て、自分が一番動いて、自分が中心になって戦っていく。

今は「上の為に働く」時代ではなく、「自分の為に働く」時代だ。上の為に働くという考え方は、今の時代には何一つ合っていない。戦国武将型は厳しいし嫌われる。上の為に尽くしたところで、上の人が今後どうなるかもわからない。キャプテン型の組織と、戦国武将型の組織が戦ったら、今はキャプテン型が圧倒的に強い。キャプテン型の方がチームのメンバーの力を１００％発揮させてあげることができるからだ。

今の時代は、全員がプレイヤーでないと生き残れない。一人一人が自分の頭で考え、自分の持ち味を活かして、チームを勝利に導く為に行動しなければいけない。チームを引っ張るキャプテンは、メンバーの力が有機的に結びついて、１＋１を10にも１００にもできるように、自分が中心となって指揮をとりながら率先して最前線で動き、その背中を見せてみんなを引っ張っていかなければいけない。

もしあなたが、会社や組織でリーダー的な立場にいるなら「出世して上を目指せよ」などという、尊大な言い方はやめて**「出世して中心に来いよ」**という言い方を心がけるようにするといい。そうすれば、間違いなく自分自身の熱量も上がっていく。

「失敗してもいいからやってみろ」はウソ

ビジネスの鉄則。それは「負けないこと」だ。負けないことで初めて勝てるのだ。よく「失敗してもいいからやってみろ」と言う人がいる。「失敗をさせなければ人は伸びない」「失敗を恐れずチャレンジしなければいけない」みたいな言葉もあらゆるビジネス書に書かれている。でも、これは間違いだと思う。

僕は絶対に「失敗してもいいからやってみろ」などと言わない。「失敗しない為にどうしたらいいか、徹底的に考えて万全の準備をするように」と言う。

そんなのは当たり前だろう。仕事でお金を頂いてやっているのに「ミスしていいからやってごらん」なんて言ったら、気が緩んで余計にミスするだろう。だいたいお客様に失礼だ。

レストランに行って、目の前で新人の料理人にベテランが「ミスしてもいいから作ってみろ」なんて言っていた日には「きちんとしたもん出せるようになってから厨房に立て！」とキレてしまう。機長が副機長に「失敗してもいいから操縦してみろ」なんて言っている飛行機には乗りたくない。医者も同じ。自分の命がかかった手術でベテランの医者が新米の医者に「失敗してもいいからおまえ、腫瘍取ってみろ」とか言っていたら絶対に嫌だ。

プロフェッショナルとしてお金をもらう以上は、仕事に取り組む際に、最初から「失敗してもいい」「うまくいかなくてもしょうがない」なんて、絶対に考えてはいけない。最初から「失敗してもいい」などと考えながら取り組んだら、そんな仕事は大抵、失敗する。ビジネスにおいての失敗は「損失」だ。プロのビジネスマンたるもの、「損失」を出すことは、何がなんでも未然に防がなければいけない。

プロの仕事とは、万全な準備をして、仮定や想定をいくつも重ねながら、何度も確認し、あらゆる可能性とリスクを考慮した上で「絶対に失敗しない覚悟」を持ち、本気で取り組まなければいけないのだ。「仕事をうまくいかせる」為には、そういう「本気」の努力が必要なのだ。

「失敗してもいいから任せるのがいい教育」という風潮があるが、そんなものは間違いだ。上司は、部下に「失敗してもいいからやってみろ」などと無責任なことは決して言ってはいけない。部下も「失敗するかもしれませんが、やらせて下さい」などと言ってはいけない。

負けない仕事は「やるからには、必ず成功させるぞ。準備は万全か？　漏れはないか？　他にやれることはないか？」と厳しく綿密に、且つ具体的にフォローする上司と、「やるからには必ず成功させるので、やらせて下さい。準備は万全です。漏れもありません。他に失敗しそうな可能性があれば事前に教えて下さい」と、必ず成功させるべく教えを請う部下により成立していく。人を指導する立場にいる人は、くれぐれも上辺だけの「指導者かぶれ」にならないように気をつけなければいけない。

たとえばＯＷＮＤＡＹＳに「私、まだ視力測定も加工も不安なんです」というスタッフがいたとする。その人に「いや、失敗してもいいから、とりあえずお客様が来たらやってみろ」などと言ったら絶対にダメだ。お客様は実験台なんかではない。しかもそんな未熟な状態でお客様に対応し、その結果ミスをしてしまったとする。そこで仮に「もうこんな店には二度と来ない！」と、お客様にすごいクレームをつけられてしまうと、それがトラウマになってお客様が怖くなってしまうこともある。上司がどんなに「責任は俺がとる」と言っても、お客様や取引先に怒られるのは、失敗してしまったその本人なのだ。

上司が事前に、失敗しないようにきちんと導き、「こうやったら失敗しないからね」と前の人が失敗したことをちゃんと教えてあげる。そうすればいきなりお客様に怒られることもないから、心理的なストレスもずいぶんと減る。だから仕事が楽しくなって、良い接客ができてお客様に喜んでもらえて、それが嬉しくて、さらにいろんなことを覚えるようになるというプラスのスパイラルに入れるのだ。

上司の仕事は、部下に失敗させることなんかではなく、部下の仕事を１００％の確率で成功させる為にしっかりと伴走してあげることである。

そこまでやって、その結果、力及ばずミスをしてしまったのであれば、もちろん、僕はそれを咎《とが》めることはしないし、それだけ努力を尽くした末に失敗した経験は多くのことを僕たちに教えてくれるだろう。

人に期待するのをやめる

僕は、人に期待しないようにしている。社員に期待しない。取引先に期待しない。奥さんにも子どもにすらも期待しない。

こう文字にすると、なんだか人間不信で冷たい奴のように思われそうだが別にそんなことはない。「人に期待する」という感情は、自分の弱さの裏返しで、自分の不安を人に押し付けてしまうことではないのかなと僕は思っている。

たとえば「社員に期待する」とは、よく世間の社長が口にする言葉だ。でもこの場合の期待というのは「自分ができない業務を社員が代わりにやってくれるだろう」と思うことでもある。

どれくらい社員に期待して、実際にどれくらい成果が上がりそうか。それはあくまで社長の「一方的な予測」でしかない。

社員に期待していると、自分が思ったように動いてくれなかった時に「なんでこんなこともできないんだ！」と、失望したり怒ったりすることもよくある。

「これくらいやってくれるだろう」という自分の思い込みと社員の働き度合いを勝手に比べて、勝手に失望して、勝手に怒っているわけだ。そんなのは社員たちからするといい迷惑だろう。

だから僕は、基本的に何も期待しないようにしている。たとえば、お店に視察に行く時は常に「社員はみんなサボっている」と思ってから行く。「どうせみんなカウンターの裏でゲームとかをやっているんだろうな」と思っている。だから、もし本当にゲームをやっていたとしても「やっぱりなー」と思うだけでそこまでムカつかない。「おまえ、ゲームやってないで仕事しろよ」と冷静に注意することができる。

もちろんみんなサボらずに頑張ってやってくれていることがほとんどなので、普通に「いらっしゃいませ」と声を出しながらキビキビと働いてくれているだけで「おお！　めっちゃ頑張ってくれてるじゃん」と、僕はすごく嬉しくなれる。

「お疲れ様。ありがとね」という言葉も心から自然にかけられる。

でも「うちの社員はみんな必死に売上を上げるべく、大声を出しながらビラ配りでもやっているだろう」なんて、期待しながら行くと、普通に働いているだけでは物足りなくて、つい頭にきて怒ってしまう。

社員から見ると、突然社長が現れて、普通に働いていただけなのに、いきなりキレられて「おまえ、なんで一生懸命やってないんだよ！　もっと声出せよ！　時間あるならビラ配りにでも行けよ！」などと怒られたら、やりたかったことも、やりたくなくなってしまうだろう。

数字だって「今日は達成しないだろうな。目標に届かないだろうな」と思って、毎日見ている。だから、達成するとすごく嬉しくなれる。基本的に「目標は達成しない」「昨年の数字も超えない」ということを、言葉には出さないが心の中では考えるようにしている。

昔は社員に沢山の期待をしていた時期もあった。勝手に期待して、勝手に失望して、社員に強く当たる。最終的に社員が辞めていく。そんなことを繰り返していた。でも考えてみれば、その「期待」というのは、僕が日々会社を経営する上での不安や弱さを一方的に社員たちに押し付けていただけで、社員の成長や豊かさを心から願った上での想いなんかではなかったのだ。

夫婦やカップルの男女間のもめごとも、ほぼ全て余計な「期待」のせいだ。お互いに「これくらいやってくれるはず」「わかってくれるはず」と期待するところから悲劇は始まる。相手が期待していたことをしてくれなかったり、自分の思い描いたとおりに動いてくれなかったりすると頭にきて怒るのだ。

恋人にプレゼントを買って「喜んでくれるだろうな」と期待して渡したら、意外と喜ばなかったとする。すると「なんだよ！　せっかく買ってきてあげたのに！」とイラッとする。だから期待しない。「自分があげたいからあげる。もし喜んでくれたら自分も嬉しいな」、プレゼントする時も、それくらいがちょうどいい。

それでもし、相手がすごく喜んでくれたら、自分もとても嬉しくなれる。「喜んでくれるだろう」と予め期待していたら、実際に喜んでくれても、それは「期待どおり」のことでしかないし、期待以上でもない。逆に、そんなに喜ばなかったら「期待外れ」になってしまう。

人に期待することをやめると、精神的にとても楽になる。「なんで俺、こんなにいつもストレスを抱えているんだろう」と思ったら、それは周囲の人たちに期待しすぎているからなのかもしれない。だから「期待した自分が間違っていた」と思うことだ。

もっと肩の力を抜いて、人に期待しない生き方をすると、日常の些細なことでも、とても嬉しくなれるし、感謝の気持ちも沢山生まれる。

少しの成長や成果でも一緒に喜べる。そうすると相手は余計に成長し、もっと成果を出してくれるようにもなる。

あなたの期待が、全てを破壊しているのだ。だから僕は社員に「きみに期待しているよ」とは言わない。もちろん、ダメだったところは指摘する。期待はしていないけれど、指摘はする。「もうちょっとこうやった方がいいんじゃない？」と。でも期待はしていない。だからお互いにすごく楽になれるし、いつも前向きに取り組むことができている。

「社員に期待しない」というのは「社員を信じていない」ということではない。

もちろん僕は社員たちを心から信じている。でも、期待しない方が精神的に楽だし、そちらの方が結果的にうまくいくというだけだ。

僕には「会社を成長させたい」「売上を１０００億円にしたい」「１０００店舗展開したい」「まずはアジアで一番有名なメガネのブランドにしたい」という目標がある。ただ、それは社長である僕が思っているだけのことで、僕が一方的に言っているだけだ。だから、僕は自分の力で実現しようと思っている。

そこで「社員が期待したように成果を出してくれないからうちの会社は大きくならないんだ！」と怒るのはお門違い。それこそ「応援してくれないからできないんだ」と言っている子どもと一緒で、単なる甘えだ。

誰かが手伝ってくれようが手伝ってくれなかろうが、自分のやりたいことは自分でやる。社員に対して過度に期待を持つことは自分の実力を、冷静に判断する目を曇らせる。

社員は、給料に見合うだけの成果を出して、会社に貢献してくれたらそれでいいと思っている。「期待する」というのは、それ以上のものを自分勝手に求めていることだ。合理的ではない。

社員からしても「期待している」と言われるのはプレッシャーかもしれない。できないと怒られることもある。怒られた方は「あなたの自己実現の為に、私が都合良く動かなかったから怒っているんでしょ？」と思ってしまうかもしれない。

だから、期待しない社長やリーダーの方が、人々はついていくのが楽なのではないかと思う。

一方で、「期待しない」というのは「できなかったらできる人に代わってもらうからいいよ」というドライさも含まれている。

僕は「このポジションには、これくらいの仕事ができる人を置きたいと思っている。あなたがそうなってもいいし、あなたができないならできる人を連れて来ます」と言うこともある。ポジションと給料を用意して、それに見合う仕事ができる人を求める。それは「期待」しているのではなく「交換」だ。

たとえばエリアマネージャーには「こういうマネジメントができる」「こういう事業開発ができる」という能力を求めている。僕はそれを一年で９００万円の給与と交換する。トレードだ。だから「あなたがそのトレードに見合うだけの成長をすればそれでいい。できないなら、できる人を連れて来るだけだから、あなたが成長することを期待しているわけじゃないですよ」というわけだ。

でも、そこで多くの社長やリーダーは「期待しているぞ」と言ってしまう。もしなれなかったら、言われた本人が苦しいだけだ。「おまえに期待していたのに！」と怒られるかもしれない。そんなのはお互いに嫌な気持ちになるだけだ。

給与に見合う仕事ができないのであれば「じゃあ、できる人を連れて来ようかな」とボソッと言う。そして実際に連れて来る。そうするとみんな焦る。「社長は本当に連れて来てしまう。どんどん新しい人が入ってくる」と。

僕は、変な期待や甘い言葉で人を動かしたくない。不毛な期待をしている時間なんてもったいないから、できる人と仕事をしてさっさと次に行きたい。

冷たいと感じる人もいるかもしれない。でも、しょうがない。ある種の非情さがあるから、自分の夢が実現でき、会社が伸びていくのも、また一つの真実だ。

「最近の若い奴はすぐ会社を辞める」の真実

この台詞《せりふ》、30代後半以上のビジネスパーソンの口癖ランキングでいつも上位に入っているような気がする。

ＯＷＮＤＡＹＳの社内だけでなく、友人の経営者も「最近の若い奴は本当にすぐ辞めて困る。こらえ性がないというか、忍耐力がないというか、一つのことに腰を据えてじっくりと取り組むということができないというか、愛社精神がないというか……」と口々にこぼす。

もちろん、そこから「俺たちの若い頃はあんなんじゃなかった」的な感じの話に繋がるのも定番だ。

古代エジプトの石板から、哲学者のプラトン、平安時代の書物にさえ「最近の若いもんは……」と書いてあるのは有名な話だ。そんな話を聞くと、今も昔も、若い奴なんてみんな同じなんじゃないかなとも思うのだけど、本当に今時の若者は、僕たちの若い頃に比べて、会社をすぐ辞めるようになっているのだろうか？

そう思って、今42歳の自分が25歳の頃、今から17年前に比べて、本当に今の25歳は会社をすぐ辞めるようになっているのか調べてみたのだが、様々なデータを見てみても、確かに今の若い人たちの離職率は上がっていて、すぐに辞めるようになっている。

感覚的にも、僕たちの若い頃に比べると、すぐに会社を辞め転職を繰り返している気がする。僕たちの若い頃はあんな簡単に会社を辞めなかった。やっぱりオッさんたちの意見は正しかったようだ。

ここからが大事な本題である。

確かにすぐに会社を辞めるようになっているのは紛れもない事実なのだと思うが、正確に言うと、若い奴特有の意識や精神性が変化してすぐに会社を辞めるようになったわけではない。

若い奴は、今も昔もみんな同じようなものである。勝手にオッさんが「違う」と言っているだけで、今の若い人たちも、あと十数年経ってオッさんになれば必ず「今時の若い奴は」と言うようになる。絶対にだ。

ただ一つ見逃してはいけないものがある。この十数年間で決定的に変わったことが一つだけあるのである。それを抜きにして、この「今時の若い奴は」という話をしてはいけないのだ。

それは何かと言うと、「スマホ」だ。

スマホがなかったほんの十数年前の若い奴らは、現代に比べて圧倒的に情報の「量」がなかったし、コミュニケーションにもとてつもなく大きな労力を費やしていた。僕がOWNDAYSの社長をやり始めた約12年前でもスマホはまだ生活に浸透していなかった。

iPhoneが若い人の大多数に本格的に普及し始めたのが10年くらい前。さらにその2年後くらいにLINEやFacebook、Twitterが普及したあたりでこの「転職・退職」という枠の中での若い奴らの行動や考え方も根本からガラッと変わってしまったのである。

結論から言うと、今時の若い奴らはスマホの普及によって、この10年くらいで転職するのがとても簡単になったのである。

怒られたり、嫌な目にあったり、待遇に不満があったり、会社の将来に不安があったり、誰もが時にマイナスの感情を抱いて転職や独立を一度は考えるものである。それは僕たちオッさん世代も同じだった。

では、スマホがない時代に、いざ転職を考えた若い奴がどういう行動を取っていたかをもう一度思い出してみよう。

十数年前。ある若い奴が会社にいたとする。職場で嫌なことがあった。上司に理不尽なことでキレられた。会社の将来に不安を感じた。「もう転職でもしようかな……」、こんな理由で、月曜日の午前中にふとしたキッカケで転職を考えたとする。まず、転職を考えたら最初にすることは次の仕事先を探すことだ。

仕事を探すためには、コンビニに行き求人誌を手に入れる。仕事終わりに立ち寄ったコンビニで弁当を買いつつ、「タウンワーク」も手に取り家に帰る。日曜日には新聞折り込みに入っている求人チラシに目を通す。主な転職先探しの情報源はこの２つだ。この中から次の仕事先を見つけなければいけない。

そして今のTwitterの１投稿１４０文字以下の限られた情報量と白黒の写真を頼りに、いくつかの会社を転職先の候補に選ばなければいけない。十数年前はホームページのある会社は多かったが、モバイル専用のリクルートサイトを持っている中小企業なんてほとんどなかった。地方なんてほぼゼロだろう。何より若い奴はガラケーはみんな持っていたが、パソコンを持っていない人が50%以上だった。

そんな中、なんとなく一つの募集記事から想像を巡らして、なんとなく良さげだなど感じた会社が見つかったらとりあえず電話だ。面接を希望する旨を伝える。電話はもちろん営業時間内にかけなければいけない。大体夜7時を過ぎてしまったら閉店ガラガラまた明日。営業時間内かを入念に確認して、そこでまたドキドキしながら電話をかける。しかし電話に出た人の対応がなんか横柄で嫌な感じであれば、「ここはないなぁ」。さあ、また一からやり直し。その会社はやめて別の会社をまた探さなければいけない。そして見つかったらまた電話……。これの繰り返し。

ちなみにこの時点で、それらの会社に関して求人情報に出ている以外の情報なんていうのは皆無に等しい。評判もいまいちわからない。給料は本当に書かれている額面どおりもらえるのか？　職場は駅から徒歩5分とあるが本当に5分だろうか？　職場は綺麗かな？　トイレは男女別かな？　働いている人の平均年齢は何歳くらいなんだろうか……。いろいろ考えて悩んでいるうちに「もう面倒くさいな」となってきて結局具体的な行動を起こすのを躊躇し始める。

そんなおりに、最近部下の様子が少しおかしいことに気づいた上司や社長から「おい、なんか悩んでるなら、今夜一杯飲みに行くか？」とか言われて近所の居酒屋に誘われる。そこで酒の勢いに任せて今までの悩みや不満をぶちまける。

するとその上司に「なんだ、そんなことで悩んでたのかー。それなら俺があいつに言っといてやるよー」的なことを言われ、玉虫色の解決方法を示されたりする。自分自身も酒に酔って、愚痴を言い尽くしたあとは、なんとなくそのモヤモヤもすっきりしてきて、次の日になると「まあいっか、転職しなくても。新しい仕事探すの超面倒臭いし、この会社よりも良いっていう保証もないしな。それよりもう少しこの会社に残ってやってみようかな……」と転職を思い留まるのである。これが今のオッさんたちの言う「俺たちの若い頃は」の真実の姿である。

ところが最近の若い奴は違う。何せ彼らは全員スマホを持っている。懐に忍ばせた小さな箱でアクセスできる情報の量は20年前のＣＩＡよりも多いのだ。そんな彼らの転職スタイルはこうだ。

職場で嫌なことがあった。上司に理不尽なことでキレられた。会社の将来に不安を感じた。「もう転職でもしようかな……」、こんな理由で、月曜日の午前中にふとしたキッカケで転職を考えたとする。ここまでは今も昔も変わらない。

すると彼は昼休みに友人に、こんな感じでＬＩＮＥする。「なんか今の会社微妙なんだよね、転職でもしよーかなー」。すると友人からすぐに「えーまじでー、ならうちの会社おいでよー!!　めっちゃ楽しいし会社もどんどん成長してるよー、一緒に働こーぜー」的な返事が来る。そしてそのメッセージの下にはご丁寧にその会社のＷＥＢサイトのＵＲＬが貼り付けられている。それもリクルート専用のＷＥＢサイトのＵＲＬである。

何気なくそのＵＲＬをクリックすると、そこには仕事の内容や給与、基本的なものから一風変わったものまで沢山用意された福利厚生の数々、さらには、その会社がどんな理念を持っているのか？　社長は何を考えているのか？　売上から店舗数に業績の推移まで……これでもかと言うほど懇切丁寧にわかりやすく説明されているのである。

極め付けは社長のインタビューをはじめ、管理職や専門職、新卒社員に外国人社員など、様々な人たちが映像で登場してきて自分の仕事や会社のことを語っているではないか。

「うん、なんだかみんな頭が良さそうだし、良い人が多そうだ。イケメンやかわいい子も多いな。外国人もいるのかー、へー。職場はどこだろう?」と、リンクされているGoogleMAPを開いたら、自宅からの通勤時間が今よりも短くなることがわかった。ストリートビューで職場の写真も沢山見れた。今の職場よりも全然綺麗でお洒落じゃないか！　「えー！　どうしよーかなー……ここに転職するのもいいかもなー、うちの会社なんて、社長や偉い人はたまに見かけるくらいで、そんなに話したこともないし、企業理念もお堅い文章を入社の時に読まされただけで、今この瞬間、会社の偉い人がどこで何してて何考えてるかなんて一切わからないし……そんな会社に自分の人生の大事な時間を預けてるのってどうなんだろうか……」

「でも、さすがに今は休憩時間とはいえ仕事中だし……。そんな時に他の会社に転職の面接の電話を入れるのもどうなのかなぁ……今度の休みの日にゆっくり考えようかなぁ……」。そんなことを悩みながら画面をスクロールしていると「面接のお申し込みはこちら」という文章とともにＬＩＮＥのマークが出てきた。思わずクリックしてみるとＬＩＮＥが立ち上がった。


　すると間髪を容れずに「はいこちら○○株式会社人事部です。面接の予約や各種疑問・質問などお気軽に、このＬＩＮＥからお問い合わせくださいね！」とメッセージが届いた。

　思わず「今転職を少し考えているのですが、明後日、面接とか受けられますか？」と軽い気持ちでＬＩＮＥしてみた。するとすぐに返事が来た。

「はい！　大丈夫ですよ。○○時にこちらにお越し下さい」と面接場所の住所が送られてきた。家からも近い。服装もラフな感じでＯＫみたいだし、よしちょっと行って話だけ聞いてみるか！

こんな感じでこの「今時の若い奴」は昼休憩の間、ランチを食べ終わったあとのほんの30分で、既に次の転職先の面接まで決めてしまっているのかもしれないのだ。

それが「今時の若い奴」の行動の仕方だ。つまり、そういう時代なのである。

だから今時の若い奴も、オッさんたちに「今時の若い奴はすぐ辞める」とか言われても全然気にすることはない。そんなことを偉そうに言っている40代や50代のオッさんたちが若い頃は、会社を辞めたくても辞められなかっただけだ。今時の若い奴に比べて、特別に辛抱強くて根性があったから、嫌なことやつらいことを乗り越えて今の会社に残り続けてきたわけではない。

オッさんたちも25歳の時に、今時の若い奴と同じようにポケットにスマホを忍ばせることができていたなら、とっくの昔に辞めて別の仕事をしていた可能性は大いにある。

「いや、俺はスマホがあろうがなかろうが関係なかった」と自信を持って言う人は、何も素晴らしいポリシーを持っているわけじゃなくて、単に情弱なだけで、スマホがもたらした新しい情報社会の現実と便利さが何も見えていないだけという可能性もある。

そして今後もこの流れは加速していき、転職に必要なコストは限りなくゼロに近づいていく。

単純に、自社の提供する職場環境に魅力がなくなってきているか、もしくは最初からなかったことに気づいて、若い奴が転職していっているのを当人の精神性の問題にすり替えて「今時の若い奴は」と人材の流出を片付けてしまっている人たちはとても大きな事実誤認をしている可能性がある。

もしくは自分たちで考えて「十分だ」と思うような職場環境を提供できているつもりでも、「職場の魅力」というものはあくまでも、その人個人の相対的な評価によって決定されるものなので、その「今時の若い奴」が就職先として選択することのできる他の会社が、さらに良い条件や面白そうな環境を沢山その人に提示してしまえば、その人にとって、今いる会社は魅力のない会社に成り下がってしまう可能性だって十分あるのである。

オッさん経営者が言う「今時の若い奴はすぐ辞める」という状態は、正確に言うと「若い社員をすぐ他の会社に奪われている」という状態のことだ。

会社を最低限、今のまま存続させていく為には、なぜ苦労してせっかく採用したその若い奴がすぐに他社に奪われてしまったのかを分析して、反省して、原因を究明して、新しい付加価値を用意して、これ以上他社に奪われないように今の時代に即した会社の仕組みをすぐに作り直さないといけない。これからの10年は「若い人の奪い合い」が全国的に激化していく時代だ。その波は業界・業種を超えて同時多発的にあちこちで巻き起こるだろう。

ＡＩや機械が急速に進化して様々な専門職の仕事のハードルを下げていくだろうし、会社に所属せずネットを使ってフリーランスで稼げる人たちも激増していく中で、企業はしっかりとした人材を確保しないと成長できないばかりか、今いる人たちでさえも、優秀な人から順にどんどん周囲の魅力ある会社に引き抜かれて、今の状態を保つことさえ難しくなるだろう。

あなたが経営者なら、あなたの会社の社員をみんなが狙っているという事実を知

った方がいい。もちろん、僕も狙っている。

これからの時代に会社を大きくしようと思ったら、お客様に選ばれるだけでなく働く人にも選ばれるようにならないといけない。しかもかなり強く。逆にこの現象をポジティブに考えれば、採用競争力のある会社を作り出すことができれば今は絶好のチャンスだ。

「人が集まってくる仕組みを持っている」というだけで、この沈みゆく日本経済の中で一気に3段飛ばしで勝ち組に浮かび上がれる可能性だって出てきているのだ。

小売業やサービス業など人材確保が難しい業界では「20代の若い正社員が100人いる」と言えば、それだけで赤字や債務超過の会社でも何億円という価値で買収したいという大企業のチェーン店が現れるかもしれない。一から面接して100人を採用するより、買収した方が早いしコストも安くなるかもしれないからだ。

そんな「人が資源になりつつある時代」に会社を伸ばしていく為にできることは、なんでもかんでもガラス張りにしていくことだ。公明正大に。清く正しく美しく。その上でみんなからアイデアをもらうのである。

働く人を巻き込んでいく巻き込み型の経営。新入社員に「社長や役員の顔はよく知らない」とか言われている場合じゃない。経営陣どころか、幹部も上司も新入社員もみんなの顔がよく見える状態を作り出して、誰にでも自由にアクセスできる状態にして、縦のラインに横のラインを絡めて、全員サッカーならぬ全員経営で、「いかにその会社で働く一人一人が、会社を自分のものとしてクリエイトして楽しめるような状況を作るか?」、これが鍵だと思う。

「5年で社長を退く」宣言

「あと5年で社長辞めるからね」、僕は社内外でそう公言してはばからない。まあ、言い続けてもう10年近く経つので、最近ではあまり真実味もなくなってきたのだけれど、なるべく機会があると「あと5年で社長辞めるよ」と言うように心がけている。そして、その手の話をするとそれを聞いた人たちから「バイアウトして遊んで暮らすんですか?」などという風に、あまり自分の意図しないことを言われることもある。役員会などでは「あまり不用意なことを言うといろいろ騒がしくなるので、発言には気をつけて下さい」とよく太い釘も刺される。しかしちゃんと考えがあってのことなので、ここでその「会社を辞める」の真意を書いておこうと思う。

企業の経営を預かる身として、一番の責任は何をおいても「従業員の生活の安定」を支えていくことであると考えている。それは簡単に言えば、どんなことよりも優先して「会社を潰さない」ことを社長は常に考えていなければいけない、ということだと解釈している。

もっと細かく注文をつけるならば「潰さない」ことは前提で、さらに「従業員の給料・生活を守る」ことまで併せて一番に考えなければいけないと思うのである。

ボーナスの有無や、賃金の上下、職種の変化など、企業が生き続けていく上で、いろいろな紆余曲折はあったとしても、とにかく会社が潰れずにいることで初めて毎月ちゃんと一定の給与が支払われる。そして、毎月約束されたお金が自分の口座に振り込まれることで、そこで働く人たちの生活の安定が担保されるのである。

その安定の上で社員たちは、120%の力で働くことができるし、家族も養えるし、あらゆるものを向上させる努力をすることができる。

そういうことを考えた時に、今現在のOWNDAYSの状態はどうだろうか？

悲しいかな、多分僕がいないと、倒産はしないまでも業績が急降下する確率は相当に高くなると思う。

いろんな実務面でもそうだし、沢山のアイデアやチャレンジの源泉も僕である場合が多いし、この数年は金額に換算すれば数十億円分の広告効果を僕一人で生み出して、顧客数を増やしてきた。何よりも、僕という存在はＯＷＮＤＡＹＳの社内では水戸黄門の印籠《いんろう》のようなもので、社内外で起こる全てのトラブルをまとめる為には必要不可欠なアイコンであったりもする。その僕がいなくなれば、何かタガが緩んだような感じで、ＯＷＮＤＡＹＳ全体がバラバラになってしまうかもしれない。

「社長がいないと会社が潰れる……」、こういう状態の企業は恐らく、世の中に沢山あると思う。いやむしろ、そんな会社がほとんどだろう。

中には自分がいないと会社が立ち行かない現状を自分の実力と勘違いして「この会社は俺で持ってるんだ！」と自慢げに言う社長もいる。

従業員が数十人くらいのベンチャー企業なら、そうならざるをえないだろうし、むしろ社長が全てにおいてトップダウンで、責任を背負って動かなければ、ベンチャー企業なんてものは、まず絶対に成長しない。

同時に、「スタートアップ・ベンチャー」と形容されるような企業で働く社員の人たちは、「一個人のリソースに頼りきった極端に不安定な状態の企業で働く」というリスクを背負う代わりに、大企業では経験できない急激な成長や、大きなインセンティブを得られるチャンスがある。「不安定だが可能性に賭けている」という事実もきちんと認識しておかなければいけないとも思う。

話は戻って、ＯＷＮＤＡＹＳは現在、国内外で２０００人以上の人たちが働いている。社員の中には既婚者も多くいる。その扶養家族も含めれば、全体で１万人以上の人たちが、ＯＷＮＤＡＹＳから支給される給料で生活の基盤を作っていることになる。

この事実だけを見れば、およそ中小企業とは言い難い。とても重たい「責任」を背負ってしまっている。さらにＦＣ店の従業員の方、ＯＷＮＤＡＹＳとの取引が売上のほとんどを占めているような、取引先企業の従業員の方、その家族の方まで含めるとさらに膨大な人数になる。

この非常に大きな社会的責任を考えた時に、僕一人の存在によって、それら全ての安定が根本から揺らぐ可能性があるというのは、とても大きな「リスク」である。

仮に明日、僕が交通事故で死んだらどうなるのだろうか？　死なないまでも、大病を患いまともに会話もできない状態になり仕事がまったくできなくなったとしたらどうなるのだろうか？　あいつはこの前結婚したって言ってたな……あの人はお母さんが入院したって言ってたな……。

自分の置かれた立場と責任を改めて考えると、こんな不安に毎晩頭を悩ませずにいられないのである。

「社長を辞める」という言葉の真意は「自分一人に頼った脆弱な経営基盤を早急に強化する」ということであって「5年で辞める」というのは「5年以内にこの目標を完遂させなければいけない」ということである。

自分が経営者としてエネルギーを失ってから、後継者を育てようとしたり、集団指導体制に移行したりしようとする経営者が多いが、それでは遅すぎる。

経営者は自分が社長になった瞬間から、全ての業務と並行して、自分がいなくなったとしても変わらずに会社を存続できる状態を構築していかなければいけないのだと思う。

「俺と一緒に働こうぜ！　俺が突然死んだら、そのあとは俺の知ったこっちゃないけど」というのは少し無責任ではないかなと思う。

そんなことをいつも考えているので「5年」という一つの期限を決め、その間は、自分のもてる全てを注ぎ込み経営にあたる。その間に、しっかりと正しい方向へ、OWNDAYSの舵取りができる経営者を育成して、余力を残してバトンタッチして実際の経営を見ながら最後に補完し完成させる。

ダメなら辞めさせて、再度自分が経営に戻る。そしてまた次の人間を育てる。

もしくは信頼できるパートナー企業を見つけておいて、万が一経営の安定の根幹が崩れそうな場合は速やかに経営を引き継いでもらえるような可能性を模索しておく。

つまり社長というのは、本当に辞めるか辞めないかはさておき、いつ辞めてもみんなが困らないようにしておく責任があるということだ。

その為に一番やらなければいけないことは、社長という個人の存在に頼らなくて

も済むように、みんなが心の拠りどころとし、ブレないで目指す方向をいつも示してくれるような、北極星のような、その会社における聖書のような「カルチャー＝文化」を創造していくことだ。

「あと5年で社長辞めるよ～」という発言の真意はそんなところにあるのである。

「自信」とは自分をダメにする悪魔の言葉

いい大人なのに「自信がついたらやる」と言っている人がいる。あなたも「自信」というこの言葉を、今までの人生で数えきれないくらい口にしてきたことだろう。「自信がないからやれない」「自信がついてからチャレンジする」などと言っているような人は、口だけでまず絶対に行動を起こすことはない。

だいたい自信なんて、どれだけ待ってもつくものではない。仮に自信があるとしたらそれは既に経験済みのことでしかないのだ。

思い出してみてほしい。あなたは小学校6年生の時に自信がついたから中学生になったのか？　高校で自信がついたから大学生になったのか？　大学で仕事の成果を出せる自信がついたから就職したのか？　そんな人なんていないだろう。

中学生になる時期が来たから、なっただけ。大学を卒業する時期が来たから就職しただけだろう。

そして、いつも不安だったが、高校に入ったら高校生になれたし、大学に入ったら大学生にもなれた。就職したらビジネスパーソンにもなれたじゃないか。自信は全部あとからついてくる。順番が逆なのだ。

学生時代までは良かった。なぜなら社会や学校、親が自分の次の挑戦の時期を決めてくれて、自信の有無にかかわらず、強制的に次のステップへと挑戦させられ、成長させてもらえていたからだ。

しかし社会に出ると強制的に「出世の時期」「チャレンジの時期」に向き合わされることはほとんどなくなってくる。周囲は背中を押してくれこそすれ、足で無理やり蹴り出してはくれない。自分で「次のチャレンジのタイミング」を決めて、自分の意思で踏み出さないといけなくなるのだ。

すると、途端に多くの人は「自信がついてから挑戦する」などと言うようになる。しかし、その基準はとてもあやふやだ。だいたい自信なんて、目に見える基準がないのに、どうなったら「自信がついた」と判定するのだ？　**要するに「まだ自信がない」というのは、問題を先送りする為の体《てい》のいい逃げ言葉なのだ。**

ＯＷＮＤＡＹＳにも「自信がないので、まだチャレンジできません」と言う社員が大勢いる。ＯＷＮＤＡＹＳはリーダーや管理職を選挙で決めるわけだが、その選挙にも「自信がついたら立候補します」などと言う人が沢山いる。

そこで僕はこう言い返す。「じゃあ俺が『今日から新しいお店は1軒も作りません。これ以上会社を大きくしても、やっていく自信がないから。社長としての自信がもう少しついたら、その時また会社を伸ばそうと思います』って言ったらどう思う？」と。

これ以上会社を大きくしない。それはつまり、みんなの給料もこれ以上は上がらないということだ。そうしたら社員は僕にこう聞いてくるだろう。「社長、自信がついたらって、そんなんじゃわかりません。どうなったら新しい店舗を作るんですか？」。それに対して「うーん……。もう少し自信がついてから」と言われたら「こんな社長にはついていけない」と思うはずだ。

当たり前だ。何も社長は自信があるから会社を大きくしようとしているわけではない。今、会社の売上がいくらで、利益がいくらある。この条件で新しい店舗に投資をして、失敗した場合のリスクはどれだけで、うまくいった場合のリターンはこれくらい、と条件を整理して判断しているだけの話だ。会社の成長に社長の自信の有無なんてこれっぽっちも関係ない。

だから、先ほどの社員の例で言えば、自信の有無を語る暇があるなら「この資格を取って、店舗損益と予算管理を正確に把握できるようにして、自分の売上予算を3ヶ月達成したら、次回の管理職選挙に立候補しよう」と自分が次のステップに進むのに必要な要素を明確に書き出して、目標として決めれば良いだけだ。そうすれば、自信の有無なんていう意味不明な思考は消え、達成すべき目標として自分の予定に組み込まれる。あとは行動あるのみだ。

どんなこともやってみなければわからない。やってみて、もがいてみて、気づけば、それなりに「自信」がついている。自信なんていうものはその程度のもので、邪魔にもならなければ大した役にも立たない。

「行動することが一番大切だ」ということを伝えるために、ＯＷＮＤＡＹＳでよく使う言葉がある。「百考は一行にしかず」という言葉だ。

「百聞は一見にしかず」という言葉は聞いたことがあると思う。１００回聞くより１回見た方がいい、という意味。これにはまだ先があって、「百見は一考にしかず」ということが言える。１００回見るよりも１回考えた方がいいということだ。何も考えずに１００回見るよりも、１回考えた方が、より価値がある。さらに僕が大切にしているのは「百考は一行にしかず」だ。つまり１００回考えるよりも、１回行動した方が得るものが大きい、ということになる。
　１００回聞くよりも１回見ろ、１００回見るよりも１回考えろ、そして１００回考えるよりも１回行動しろ。それくらい、全ての中で行動することが一番重要なのだ。

　行動した奴が一番強い。多くの人がセミナーに通ったり、本を読んだり、勉強したりしているが、学んだだけでは何も変わらない。結局、行動に移した奴が勝つ。「行動しろ」というメッセージは多くの人が伝えている。これだけ言っても、やらない人はやらない。この本を読んでも、やらない人はやらないだろう。僕は別にそれでいいと思っている。だって人に期待はしていないから。

でも、いつの日か、「この本を読んだのがキッカケだったんですよ」、なんてことを人生を豊かにいきいきと輝いて生きている人から言われることがあったとしたなら、僕はおしっこを漏らして大喜びする。だってそんなこと期待していなかったから。

目的と手段を履き違えた時、会社は倒産に向かって走り出す

「企業理念がなぜ大事なのか？」

僕が沢山の倒産した企業を調べていく中で見つけた、最も大事なことを最後に書き記して、経営論に関する本章のまとめとしたい。

「企業理念が大事だ」。こんなことは、経営に関して何か一つでも勉強しようとしたなら、誰しも一度は耳にしたことがあるだろう。しかし、世の中の会社のほとん

どは企業理念を大事にしていない。それどころか、まともな企業理念すら定めていない中小企業も山のように存在している。

あなたが会社員なら、自分の会社の企業理念を今すぐに言えるだろうか？　あなたが経営者なら、企業理念をしっかりと定めているだろうか？　あなたの会社の社員たちは全員、その企業理念を一語一句間違えずに、その意味と共に語ることができるだろうか？　もし、これらの問いに口籠ってしまうようなら、その会社は「ヤバイ」。今すぐに、自分たちがどんな目的の為に会社を存在させているのか？　その「自分たちの目的」を「企業理念」という形で言語化してすぐに定める必要がある。

僕も20歳で起業して、30歳でOWNDAYSの社長になり、それから3年くらいが経つまで「企業理念？　何を綺麗ごと言ってんだよ。そんなの、どこかの会社の真似して適当に決めとけばいいよ」と軽く考えていた。

しかし、売上と利益を追い、拡大を繰り返すうちに、ふと気づけば会社の空気は殺伐とし、社員の心はバラバラになり、あちこちで深刻な問題が頻発するようになっていた。もちろん、そんな状態の会社がうまく機能するはずもなく、安直な安売り商法が限界を迎えると業績は一気に下降線を辿り始めた。
明日にも倒産するかもしれない、そんな日々に直面した僕は、危機を挽回するべく様々な書籍を読み漁っていた。その時に出会った一冊の本が大きな影響を与えてくれ、OWNDAYSの危機を救うヒントをくれた。

それは『失敗の本質』という本だった。なぜ、日本がアメリカを相手に無謀な戦争に突入し、数えきれないほどの人間を死に至らしめた挙句、国土を焼け野原にしてしまったかを研究した本だ。

この本で理解したこと。それは「目的と手段」を履き違えた時、組織や集団はあらぬ方向へと突き進んでいってしまう、ということだった。

目的・目標・手段。恥ずかしい話、僕はこの時まで、義務教育で学ぶ程度のこの3つの言葉の意味を理解しているようでまったくしていなかった。同様に、多くの社員たちもまた、この言葉の意味を理解している者は誰もいなかった。

あなたが今「そんなの十分理解してるよ！」と思ったのなら、この先は読み飛ばして頂いて構わない。あなたが、もし「言われてみればちょっとわからないかも」と感じたのなら、是非、ここで学んでおいて頂きたい。

それでは最初に、目的・目標・手段。この３つの言葉の意味を改めて整理していこう。

「目的」＝実現しよう、成し遂げようと目指す事柄。最終的に到達すべきこと。

「目標」＝意図している事柄を達成する為に設けた目当て、具体的に達するべきこと。

「手段」＝目標に到達する為に、とるべき具体的な方法。

国語辞典なんかをひくと、こんな風に解説されている。しかし、この説明には大事な部分が欠けている。この３つの言葉にはもう一つ、見逃してはいけない特徴がある。

それは「目的＝達成できない」「目標＝達成できる」「手段＝達成できない」という特徴だ。

「達成できないことが目的？」と不思議に思ったかもしれないが、この特徴をきちんと理解していないが故に、みんな道を誤ってしまうのだ。理解しやすくする為に、ＯＷＮＤＡＹＳの例を挙げながら具体的に解説していこう。まずＯＷＮＤＡＹＳでは目的・目標・手段をこういう風に定義づけている。

目的＝「関わる人たちを豊かにする」

目標＝「売上１０００億円、利益１００億円」

手段＝「メガネを販売する。世界的なアイウェアブランドを作る」

まず、目的から見ていこう。「関わる人たちを豊かにする」というこの考え方は、達成ができない。なぜなら「豊かにすること」に終わりはないからだ。たとえば、「社員の給料が全員2倍になった。豊かになったから、はい達成」、ではないだろう。2倍になったら次は3倍、4倍、終わりなんてない。「取引先の利益が倍に増えたから、はい達成」でもない。倍になったら翌年はさらに倍を目指さなければいけない。「品質やサービスが向上してお客様の満足度が上がって豊かになってもらえたから、はい達成」でもない。もっと良い商品、もっと良いサービスを提供してさらに一人でも多くのお客様に満足して豊かになってもらわなければいけない。「人を豊かにすること」に終わりはないのだ。だから、目的とはいつまでも「達成できない」ものなのだ。

次に目標の「売上１０００億円、利益１００億円」。これは達成することができる。目的である「関わる人たちを豊かにする」為には利益を出さなければいけない。利益を出す為には売上を上げなければいけない。もちろんその行為にも終わりはないのだが、目標として具体的な数字を掲げた時点で、それは達成可能なものになる。

さらに目標は一つではない。関わる人たちを豊かにする為に、追いかけなければいけない必要な目標はいくらでもある。「売上１０００億円」はＯＷＮＤＡＹＳ全体の目標で、部署単位、担当者単位、プロジェクト単位、あらゆるところで無数に設定される。「関東Aブロックは売上◯億円」「店舗開発は◯店舗新規出店」「人事部は◯人採用」「商品部は新商品の販売本数◯本」といったように。目標とは、目的に向かって、どれほど自分たちが成長することができたかを誰でも簡単に理解できるように、「数字」で正確に設定する必要がある。必ず明確なゴールがあり達成可能なものでないといけない。

最後に手段の「メガネを販売する。世界的なアイウェアブランドを作る」。これも目的と同じで「達成することができない」。メガネを販売し、世界的なアイウェアブランドになるのは、あくまでも売上１０００億円という目標達成の為の方法、具体的なやり方であって、これも目的と同様に、どこまで行っても終わりはないし、達成もしない。

整理すると、関わる人たちを豊かにする為に、売上１０００億円を目指す。その手段としてメガネを売り、世界的なアイウェアブランドを目指しているわけだ。

そう、目的と手段はどちらもその行為にどこまで行っても終わりがないので「とても似ている」のだ。

そして、この似ているのが企業経営にとっては大問題であり、多くの経営者が道を間違えて、企業を倒産させてしまう原因となる〝癌〟でもある。

あくまでも目的に向かう為の、一つの手段であったはずなのに、いつしかその手段に囚われてしまい、気づけば本来の目的を見失い、手段が目的化されてしまうケースは枚挙にいとまがない。

多くの気づきを与えてくれた『失敗の本質』をものすごくざっくり、僕なりにまとめるとこういうことだ。

近代に入り、日本が掲げた目的は、本来、「欧米の帝国主義、列強支配から逃れ、日本民族の自主独立繁栄」を果たすことだった。

その為に、近代化を急ぎ経済を強化、資源の獲得を目標にした。そしてその手段としてアメリカとの戦争を選択した。

しかし、いつしかアメリカとの戦争に勝利することそのものが目的と化し、泥沼の戦いへと迷い込み、繁栄させなければいけないはずだった自分たち日本人自身を大勢死なせ、国土が焼け野原にされることすらもいとわなくなっていってしまったのだ。

この目的と手段を履き違えて道を誤ってしまう現象は時を超えて今もなお、あちこちで起き続けている。特に企業経営の現場では、今日も頻発している。

「業績が悪化したので社員を大量にリストラします」。こんなニュースは、その典型だ。

メガネ業界でも、同様のニュースを耳にすることがある。業績不振で人員を大量にリストラするという。そうまでして守った「メガネの販売」という事業に何の意味があったのだろうか？　そして悲しいかな、それらの企業は結局倒産してしまった。

まさに、前述した日本の敗戦の歴史そのものじゃないだろうか？

僕は幸い、ＯＷＮＤＡＹＳが窮地に追い込まれ、社員のリストラや減給が頭の中を支配し始めた時に、この「手段が目的化する」という失敗の本質に気づいた為に、寸前でリストラを思い留まることができた。

僕は、自分が経営者として成果を出すことももちろんだが、20歳の時から一緒にやってきてくれた仲間たちやＯＷＮＤＡＹＳで出会った沢山の人たちと、面白くて刺激に溢れたエキサイティングな毎日を過ごし、みんなを笑顔にしたくてＯＷＮＤＡＹＳの社長をやっているはずだ。誰かを不幸にしてまでメガネを売りたくて社長なんかやっているわけじゃない。

メガネ販売の事業が伸び悩み、利益が出ないのなら、リストラすべきは仲間じゃなくて、メガネ販売の方なんじゃないか？　俺のやるべきことはこのみんなで、儲かりそうな別の事業をすることじゃないか！

そんな風に、自分がＯＷＮＤＡＹＳの社長として目指さなければいけない、本当の「目的」を見つめ直すことができたのだ。

こうして、僕は初めて「企業理念」というものの大切さに気づくことができた。企業理念とは、自分たちが迷わない為に定める唯一無二の「目的」のことだったのだ。

そして改めて「関わる人たちを豊かにする」という企業理念・目的を定め、全国をくまなくまわり、全ての社員に直接その意味を自分の言葉で語りかけていった。
ＯＷＮＤＡＹＳの目的は、関わる人たちを豊かにすることだ。その為には売上と利益が必要だ。その為に今僕たちはメガネを販売するという手段を選択しているだけだ。もし競合店に負けてメガネが売れなくなれば、バッグを売ったって野菜を売ったっていい。大事なのは今、ＯＷＮＤＡＹＳに関わってくれている人たちを豊かにすることだ。これを見失わないようにしよう。だからリストラや減給なんて絶対にしない。もし、メガネ以外のことでも売上や利益がカバーできないようなら、それは経営者としての僕の責任だ。社員をリストラしなければいけない事態が避けられないのなら、本来リストラされるのは、社長である僕の方だろう。僕よりも経営の上手な会社に引き受けてもらって会社を去ろう。そう決心したら、目の前の靄《もや》は晴れ、自分がすべきことがクリアになり、どこまでもすっきりした。

社員たちも、目の前の売上やライバル企業との競争に勝つことだけに、いたずらに囚われることが次第になくなり、もっと視野を広げて自分たちの仕事を見つめられるようになり、お客様にも、無理に高額な商品を売りつけるのではなく、そのお客様に豊かになってもらう為には、どんな提案や接客をしたら良いのかを、売上より先に考えられるようになっていった。もちろん会社内の空気もガラリと変わって良くなっていった。
会社は常にＯＷＮＤＡＹＳに関わる人たちが豊かになれることだけを目的にしている。その為の手段は沢山あった方が良い。その為に新しい可能性をいつも模索している。

いつの日か、医学が進歩して、メガネが必要ではなくなる時代も来るだろう。でも大丈夫。その時にはＯＷＮＤＡＹＳはまた別の手段を手にしていることだろう。ひょっとしたらＯＷＮＤＡＹＳファームで安心・安全な和牛を生産しているかもしれないし、ＯＷＮＤＡＹＳエアラインで飛行機を飛ばしているかもしれない。もしくはＯＷＮＤＡＹＳ学園で未来の子どもたちに人生の豊かさを教えているかもしれない。手段はなんだっていい。関わる人たちが豊かになれれば。それがＯＷＮＤＡＹＳが目指し続けなければいけない唯一の「目的」だから。

あなた自身も、目の前の競争や目標に取り憑かれて、目的と手段が入れ替わっていないかを一度立ち止まって確認してみてほしい。

大事な家族に豊かな生活をさせてあげたくて、社内で出世を目指していたはずなのに、出世競争に明け暮れているうちに、気づいたら家族を放っぽり出して、仕事ばかりで家にほとんど帰らず、大事な家族との絆を失いかけてやしないか？

企業理念を大事にしていない経営者がいれば、そもそも自分たちは何の為に集まっているのか？　どこを目指さなければいけないのか？　そういった事業の社会的意義や会社の目指すべき本当の目的を熟考して、企業理念という形で言語化し、自分の口でしっかりと社員全員に伝えていかなければならない。

「企業理念が大切」

当たり前に言われすぎて、世の中の多くの経営者が意識していないこの言葉。22年間会社を経営してきて、何度も潰れかけた僕が、今なんとかこうして会社を続けられているのは、この当たり前の言葉の裏側に秘められた「目的と手段を履き違えた時に企業は倒産へ向かう」という真実に気づくことができたからだった。

おわりに

この原稿を書いている２０２０年１月。日本のみならず世界全体で激変していく次の時代への扉が開かれ、僕たちは今、希望と不安が入り交じった時代の大きな節目に立たされている。

ＡＩ、５Ｇ、量子コンピューター、自動運転、バイオミート、ゲノム編集……。様々なテクノロジーの進化の波が全人類に押し寄せている今、ありとあらゆる産業は根底から存在理由そのものを問われ、今、誰もが当たり前のように生活に組み入れている全ての仕組みも変化を迫られている。

この大きな変化のうねりは、大げさでもなんでもなく人類が農耕を発明した時や蒸気機関を発明して産業革命を起こした時と同じくらい、いや下手をしたらそれ以上のレベルで人々の暮らしや考え方を一変させるほどのインパクトを与えていくことだろう。

「ＯＷＮＤＡＹＳ」はメガネ屋である。メガネ屋の仕事は人々の視力を補うべく、その人に合ったレンズを、その人に最適なフレームに入れてメガネにして、快適な視界を確保し豊かな暮らしを提供することだ。

　でも、言ってしまえば、ただそれだけである。

　世の中に今、毎日のように現れる新しいテクノロジーを観察していると、今ＯＷＮＤＡＹＳが強みにしているメガネ屋としての専門的な知識や技術も、そのほとんどは、早晩、テクノロジーによって置き換えられてしまうことになるのだろう。

　それはそれで「人々に快適な視界を提供する」という目的はより簡単且つ高度に達成されることになるので、なんら悪いことではないと思うが、個人的な視点で見てみると、些《いささ》か困ったこともいろいろと起きてしまう。

　僕らは「会社」という組織を作り「ＯＷＮＤＡＹＳ」というブランドの名のもとに、このメガネ屋という仕事に従事している。そしてこのＯＷＮＤＡＹＳに関わることで生活の糧《かて》を得ている人の数は世界中で毎日のように増え続けている。

　今でこそ、メガネを作るのには専門的な視力測定の知識や、レンズを加工する技術が必要である為、クオリティの高いサービスを提供できることをＯＷＮＤＡＹＳというブランド名で担保することで、ＯＷＮＤＡＹＳに関わる人たちは世の中に必要とされることができている。しかし、新しいテクノロジーによって、いつでも、どこでも、誰でも素早く高品質のメガネを低価格で提供できる時代が来てしまうと、わざわざＯＷＮＤＡＹＳを選んでメガネを作りに行く必要がなくなってしまうことになる。

人々が高品質のメガネを手軽に手に入れられるようになるのは、大変良いことで素晴らしいことだけど、ＯＷＮＤＡＹＳが社会から必要とされなくなってしまうのはとても困るし、嫌だ。

でも時代の大きなうねりは、どうあがいても止めようがない。来るべき未来は、必ず来るのである。

僕の仕事は「ＯＷＮＤＡＹＳという会社の経営」である。「時代が変わって必要とされなくなったのでＯＷＮＤＡＹＳはもう終わりにします。はい解散！　みんな、あとは好きにしてね」では許されないのが、僕の「仕事」なのである。

テクノロジーが進化し消費の形が根底から崩れた時、「会社」としてＯＷＮＤＡＹＳをどう存続させ、利益を出し、さらに発展・成長させていくか？　これを考え続けなくてはならない。

そんな不安に対して、少ない脳みそをフル回転させて、いろいろと絞り出した結果、僕が辿り着いた答えは**「ＯＷＮＤＡＹＳという存在を、ただの営利団体としての集団から多くの人々が必要とするコミュニティへと再定義して構築し直す」ということだった。**

ではテクノロジーによって、あらゆるものが便利で快適になった時に人々が必要とするコミュニティとは、いったいどんなものだろうか？
やりがい、安心、刺激、成長、達成感、社会保障……ｅｔｃ。いろいろと要素はあると思うが、中でも**最強なのは「エンターテインメント」なんじゃないかなと思う。**

ただモノを売るという行為は作業に変わる。作業は機械で置き換えられる。人を喜ばせるという行為はエンタメだ。エンタメは人が創造して生み出すからこそ面白い。

歌、踊り、漫才、映画、マンガ、スポーツ、格闘技……。

何もそれだけがエンタメじゃない時代は、既にやってきている。

これからはメガネを売ることだってエンタメにできるし、会社で働くということだってエンタメにできると思う。全部、楽しいことに変えるのだ。全部、遊びに変えるのだ。全部、面白いものに変えるのだ。

本書にも記したが、僕は両親や先生、先輩経営者……所謂「大人」たちや「偉い人」に「仕事なんだから、ふざけて遊んでないで真剣にやれ」と耳にタコができるくらい言われ続けて育ってきた。でも40歳を過ぎて、最近ようやくずっと抱いていた違和感の正体に気がついた。

「遊んでいる」と「ふざけている」は同じ意味ではなかったのだ。

「遊んでいる」と「いい加減にやる」も同じ意味ではなかったのだ。

でも、今まで出会ってきたほとんどの大人や偉い人は「楽しんでいる」と「遊んでいる」と「ふざけている」と「いい加減にやる」を同じ意味として捉えていたし、明らかに混同して若者を見ていた。だから、そんな大人が作り出す「仕事」はつまらないものになるし、つまらないと思いながら仕事をしている人と過ごす時間はお客様にとってもつまらないものになってしまう。負の連鎖が続いていく。

テクノロジーが進化していくこれからの時代はつまらない仕事や組織はどんどん機械に置き換わっていく。だからこれからの時代は仕事こそ「真面目に一生懸命、楽しみながら遊ぶ」べきだと思う。

でも実は今までもそうだった。真面目に一生懸命楽しみながら遊ぶように仕事をしている奴が勝つ世の中だったのは何も今に始まったことじゃない。

ただ、世の中にはつまらなくても人間がやらなければいけない仕事が溢れていてその真実が闇に紛れて隠れていただけだった。

警察官とか医者みたいな人の命に関わる仕事は、遊びながらやられちゃ困る！みたいなくだらないツッコミはさておき、そう考えると、世の中のほとんどの仕事はうまいこと「遊び」に変えられるはずだ。

遊んでいる時は楽しい。草野球でも、フットサルでも、オヤジバンドでも、テレビゲームでも、偉い人が大好きなゴルフでも、遊ぶのはみんな楽しいからやっている。そして、真剣にやればやるほど、遊びはなお一層楽しくなる。遊びだからっていい加減にやったらつまらないのだ。

だから真面目に一生懸命本気で努力して遊ぶ。仕事に対してそういう風に向き合えれば、人生のほとんどの時間を費やす仕事を楽しく充実したものに変えられるし、お金だって沢山稼げるし、みんなハッピーになるじゃないか。

僕はＯＷＮＤＡＹＳをそういうものにしたい。まだその輪郭はボヤけていて、うまく完成形は語れないけれど、この考え方の先に、目の前に迫った大変革の時代の波を軽やかに乗りこなす答えが隠されているんじゃないかと確信している。

メガネ屋がエンタメになっても良い時代がやってきた。最高じゃないか。

パン屋がエンタメになっても良い時代がやってきた。最高じゃないか。

美容室がエンタメになっても良い時代がやってきた。最高じゃないか。

寿司屋がエンタメになっても良い時代がやってきた。最高じゃないか。

農家がエンタメになっても良い時代がやってきた。最高じゃないか。

今この本を読んでいる、あなたの会社や仕事だってエンタメになっても良い時代がやってきた。最高じゃないか！

ＯＷＮＤＡＹＳは今、世界中で沢山のスタッフがＳＮＳで自分個人の情報を積極的に発信して、仕事を楽しみ、お店やオフィスを遊び場に変えつつある。そんな僕たちの挑戦は小説になり、マンガになり、テレビドラマにもなった。年に一度の社内イベントでは社長と社員だけでなく、取引先や一般のお客様までもが肩を組み、一つになって歌って踊って騒いでいる。

「OWNDAYS SUMMIT 2019」

思い返せば、僕は12年前に倒産寸前のＯＷＮＤＡＹＳの社長になった時から、こういう世界をずっと作りたかった。

今は、この楽しい空間を世界中に広げて何百倍も何千倍も大きくしていくのが僕の次の目標だ。その先にはきっと仕事とエンタメが融合した新しいコミュニティが広がり、色鮮やかでどこまでも楽しい世界が必ず待っているはずだ。

あなたも今まで信じてきた常識を敵に回して一度全てを疑ってみてほしい。そしてあなた自身の心に耳を傾けて、毎日を最大限、遊び尽くせるように再構築するのだ。

道すがら迷ったり、悩んだりした時は、本書に記した僕の戯言《ざれごと》を思い返してみてほしい。

誰もあなたが、あなたの人生を豊かにしていく為の挑戦を止める権利なんて持ってやしない。失敗しても、あなたのことなんて誰も見てなんていないから恥ずかしがる必要もない。迷ったら面白い方を選択しろ。あとはただひたすらに行動あるのみだ。

そして、頭の中でこう唱えるんだ。

「うるせー!! 俺の人生は俺のものだ！」

僕はあなたの夢を笑わない。

大丈夫。あなたの人生はいつだってあなたの味方だ。

あとがき

「若い社長が、ちょっと会社が軌道に乗ったくらいで調子に乗って、自分語りの成功本を出すと、そのあとに倒産する」。そんなジンクスがベンチャーの社長界隈にはある。そのジンクスを裏付けるかのように、僕の知人の中にも実際に若くして自身が経営する企業を急成長させ、マスコミに取り上げられ、成功者然として自分語りの本を出版し、その数年後に業績が急降下を辿り、倒産、もしくは赤字に転落して会社を追われるという経験をしている人が何人もいる。

前著、『破天荒フェニックス』を出版する時に僕が一番気をつけたのは、その点だった。中途半端で薄っぺらいノウハウを語った成功本にならないように、あくまでも、僕個人ではなくＯＷＮＤＡＹＳというブランドの挑戦のストーリーを広く沢山の人たちに伝えられるものにしようと気をつけた。

そしてそんな僕の企みは、少し怖いくらいにうまくいき、お陰様でとても多くの方たちにＯＷＮＤＡＹＳを知ってもらうことができた。そして、そこでやめておけば良いものを、調子に乗り、周囲におだてられ、僕もまた、ビジネス界の数々の屍となった若手経営者たちと同じく、自分語りのノウハウ本を出版してしまった。正直、このあとがきを書いている今この瞬間も、本書を本当に出版すべきかどうか迷っている。

まだまだＯＷＮＤＡＹＳは成功なんて言うには程遠い場所にいるのに、僕は周囲にチヤホヤされて少し調子に乗り過ぎてやしないだろうか？　僕は自分を見失い裸の王様になってやしないだろうか？　ＯＷＮＤＡＹＳの宣伝の為と称して、本当は自己顕示欲から本書を出版したいだけなのではないだろうか？

そして、前述した数々の若手社長たちと同じく、偉そうに出版したあとには、情けなく惨めな顛末が僕を待ち構えているのではなかろうか……。

そんな苦悩を妻に相談したのだが、彼女の一言で僕はずいぶんと楽になった。

「心配しなくても大丈夫よ。だってあなた、もう若くないじゃないの」

ワカク・ナイ・ジャ・ナイ……？

はっ！　そうだった……僕はもう今年で43歳だった……。見た目が若いと言われるので若手社長だと勝手に思い込んでいたが、若手社長と言われていたのはもう10年以上も前のことだった！　なんなら、もう22年も会社経営をやっているので、結構なベテランの部類だった。

　だったら多少は偉そうに自分語りをして、悦に入ったっていいだろう。何が悪い。もっと調子に乗ってやる。苦節22年。下積み時代が長かった分だけ、僕のお腹の下の方には長年にわたって溜めこんできたものがマグマのように煮え滾《たぎ》り、噴き出す瞬間を今か今かと待っている。まだまだ、やりたいように、好きなだけ暴れさせてもらうぜ。だって僕の人生は僕のもの。誰にも止める権利なんてないんだから！

　そんな「もう若くもない」けど、まだまだ若いと思っている僕から、最後に偉そうな顔をして、もう少しだけあなたに伝えたい。

　人生っていうやつは、いつだって辛く苦しいし、嫌なことで溢れ返っている。だけど、人生はそれ以上に楽しくて素晴らしくて最高なものだ。あなたの人生はいつだって死を迎える最後の瞬間まで希望に満ち溢れている。本当だ。

人はみんな、大きな嘘の木の下で暮らしている。「無理だ」「やめておけ」「リスクが高い」「後悔するぞ」と、もっともらしい理由を並べて傷つくことを恐れて安全圏に逃げ込んで、人生の可能性に賭けることから逃げ出すのが大人だというのなら、死ぬまで大人になんてならなくていい。

もしあなたの人生が上手くいっていないのであれば、それは全てあなたのせいだ。右に行ってダメなら左に行けばいい。左もダメなら飛び越えていけばいい。飛び越えられなければ、体当たりして突き破れ。突き破れなければ、今度は助走をつけてもう一度だ。それでもダメならマシンガンで破壊してしまえ。決して後ろなんか振り返るな。ただひたすらに前だけを向いて歩けばいい。

それでもダメだった時、ボロボロになったあなたを見て、笑う人も沢山いるだろう。あなた自身も傷つき疲れ果てて全てを捨てて逃げ出したくなるかもしれない。それでもあなたは、決して自分の人生に満ち溢れた可能性を諦めたりなんかしちゃいけない。

悲しい想いをしたからこそわかる喜びがある。傷ついた分だけ身につけることのできる強さがある。辛い目に遭った分だけ手に入れることのできる喜びがある。お腹を空かせた分だけご飯は美味しくなるし、寒くて凍えた分だけ、飛び込んだお風呂は全身を気持ちの良い温かさで包んでくれる。あの人にフラれたからこそ、一生を捧げたいこの人に出会うこともできた。

人生なんてそんなもんだ。

陳腐なセリフだが、明けない夜はない。降り続ける雨もない。

さあもう読書の時間は終わりだ。この本を閉じたら、大きな嘘の木の下から勢い良く飛び出して、行動するだけだ。

「そんなこと言われても、そう簡単になんかいかないよ。現実は厳しいし、お金もない、チャンスもない、目の前には今を生きる為に必要な障害だらけじゃないか」

確かにそうだ。人生は何一つ都合よくなんて進まない。でも一つだけ確かなことがある。飛行機は追い風じゃなく、向かい風を受けるから大空に向かって飛び立てるんだ。

ということで、本書が売れれば、また書きます。

最後に、出版にあたって数々のアドバイスを頂いた友人たち、僕をいつも支えてくれ、勇気を与えてくれるＯＷＮＤＡＹＳの全てのスタッフたち、前著『破天荒フェニックス』に続き、本書の出版にあたって無理なスケジュールの中、尽力して頂いた見城社長、箕輪君、山口さん、並びに幻冬舎の皆様、こうして外では偉そうなことばかり言っているくせに、実際はダメなところだらけで、気分屋の父親をいつも笑顔で包んで支えてくれている大切な妻と3人の子どもたち、そしてこの駄文に最後までお付き合い頂いた読者の皆様、ＯＷＮＤＡＹＳを支えて下さる多くのお客様に心からの感謝を伝えたいと思います。

著者

田中修治

編集

箕輪厚介
山口奈緒子

編集協力

竹村俊助
（WORDS）

アシスタント

重村真実
坂部 勝

Special thanks

黒川将大　海山丈史　奥野良孝　藤田徳之　飯田和人
奥ノ谷圭祐（短パン社長）　上田 斉　木下雅道　二野瀬 瞬
川崎将矢　橘あすか　前川康太　山城彩里　池田祐介
廣木大輔　志賀健一　那須未雪　平野文彦
佐々木希実　紺野綾香　安藤嘉一　片山一樹　斧田悠花
櫛舎健太　小嶺克貴　藤丸拓也　片山美佳
赤間久美子　枌原 寛　吉田恵梨子　栗山純一郎　中間政雄

装幀

トサカデザイン（戸倉 巌、小酒保子）

大きな嘘の木の下で

僕がOWNDAYSを経営しながら考えていた10のウソ。

2020年4月15日　第1刷発行
2023年4月10日　第3刷発行

著者
田中修治

発行人
見城 徹

編集人
森下康樹

編集者
箕輪厚介　山口奈緒子

発行所
株式会社 幻冬舎
〒151-0051 東京都渋谷区千駄ヶ谷4-9-7
電話　03(5411)6211［編集］
　　　03(5411)6222［営業］
公式HP:https://www.gentosha.co.jp/

印刷・製本所
中央精版印刷株式会社

ISBN978-4-344-03599-7　C0095

この本に関するご意見・ご感想は、
下記アンケートフォームからお寄せください。
https://www.gentosha.co.jp/e/
